엘리너 루스벨트

시대의 양심이 된 퍼스트레이디

엘리너 루스벨트
시대의 양심이 된 퍼스트레이디

초판 1쇄 발행 2024년 12월 13일

지은이 이창신
펴낸이 장길수
펴낸곳 지식과감성#
출판등록 제2012-000081호

교정 정은솔
디자인 강샛별
편집 강샛별
검수 이주연, 정윤솔
마케팅 김윤길, 정은혜

주소 서울시 금천구 벚꽃로298 대륭포스트타워6차 1212호
전화 070-4651-3730~4
팩스 070-4325-7006
이메일 ksbookup@naver.com
홈페이지 www.knsbookup.com

ISBN 979-11-392-2296-8(03340)
값 12,000원

- 이 책의 판권은 지은이에게 있습니다.
- 이 책 내용의 전부 또는 일부를 재사용하려면 반드시 지은이의 서면 동의를 받아야 합니다.
- 잘못된 책은 구입하신 곳에서 바꾸어 드립니다.

지식과감성#
홈페이지 바로가기

엘리너 루스벨트

시대의 양심이 된 퍼스트레이디

이창신 지음

대통령들에게 있어 퍼스트레이디는
절대적인 신뢰자였다.

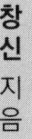

차례

머리말 _6

1. 엘리너의 생애와 백악관 생활 _13
2. 엘리너의 정치적 리더십의 구축 과정 _35
3. 여성 정치인들을 위한 '감성 네트워크' _53
4. 흑인과 빈민층을 위한 '감성 리더십' _71
5. 희망의 아이콘이 된 퍼스트레이디: _85
   새로운 리더십의 의미

부록 _97
참고문헌 _108
찾아보기 _113

머리말

　많은 역사가들은 한 국가의 거대한 도전은 위대한 대통령을 낳는다고 믿었다. 대통령의 최측근인 퍼스트레이디의 경우에도 마찬가지이다. 엘리너 루스벨트(Eleanor Roosevelt)는 미국의 가장 큰 위기의 시대 퍼스트레이디로서 20세기 정치적 여성상을 제시하였다. 미국 대통령의 역사에 있어서 프랭클린 루스벨트(Franklin Roosevelt)는 개인으로서가 아닌 행정부의 상징으로서 대통령으로 분기점을 제공하였다면 엘리너 루스벨트는 전통적 역할을 수행했던 퍼스트레이디에서 공적 활동과 더불어 대통령의 정치적 파트너로서의 퍼스트레이디로서의 전환점을 제시하였다고 할 수 있다.

　미국의 헌법 조항에는 퍼스트레이디에 관해 어떠한

의무와 권리에 관한 규정도 없다. 하지만 그들은 퍼스트레이디가 된 후에는 실제로 본인의 의사에 따라 많은 일들을 할 수 있다. 지난 200여 년이 넘는 미국의 역사를 통해 퍼스트레이디들은 국가와 대통령직 형성에 있어서 다양한 역할을 수행하면서 점차 그 영향력을 키워 왔다. 특히 엘리너 루스벨트 이후 미국의 퍼스트레이디들의 정치적 영향력 행사에 대한 세간의 관심이 날로 커져 왔다. 이들은 국가적 목적을 위해 여주인, 수호자 때로는 외교관으로 활동하기도 하였다. 일반적으로 아무리 강한 대통령이라 하더라도 자기 아내에게 사적으로나 공적으로 조언을 구하고 그들의 의견을 따르는 경우가 많았다. 대통령들에게 있어 퍼스트레이디는 그들이 권력으로부터 느껴야 하는 여러 가지 어려움을 상의할 수 있는 절대적인 신뢰자였다.

프랭클린 루스벨트는 미국 역사상 유례없이 4선에 성공한 대통령으로 미국이 경제공황과 제2차 세계대전 참전의 위기에 직면했을 때 신뢰와 희망의 리더십으로 미국을 이끈 지도자였다. 39세의 나이에 소아마비가 된 루스벨트는 신체적 약점에도 불구하고 위기의 미국을 세계 최강국으로 부상시켰다. 이러한 그의 곁에는 많은 어려움에도 불구하고 퍼스트레이디로서의 임무를 잘 수행했던 엘리너 루스벨트가 있었다. 그녀는 사적 영역에만 머물러 있었던 퍼스트레이디의 전통적인 역할을 공적 영역으로 크게 확대시켰으며 소외계층의 복지를 위해 다양한 노력을 하였다. 이러한 과정에서 그녀는 미국의 퍼스트레이디 역할에 있어서 하나의 전환점을 마련하였다. 미국 역사를 통해 볼 때 애비게일 애덤스(Abigail Adams)나 돌리 매디슨(Dolley Madison)과 같은 이전의 퍼스트레이디들도 백악관의 안주인 역할을 벗어나 어느 정도 외적 활동을 시도하였다. 그러나 엘리너는 이전과는 차별화된 퍼스트레이디의 역할을 정립시켰고, 이를 구축해 가는 과정에서 20세기 '정치적 여성상'을 제시해 주었다.

미국의 퍼스트레이디들의 이야기는 미국 역사의 생생한 한 단면이며 그들의 이야기는 모두 나누며 공감할 가치가 있다. 엘리너는 미국이 가장 큰 위기의 순간이었던 1930년대의 경제공황과 1940년대 제2차 세계대전을 겪던 시기에 퍼스트레이디가 되어 최악의 순간에 최선의 리더십을 발휘하였다. 무엇보다도 중요한 점은 엘리너 이후 미국의 퍼스트레이디들은 경제, 정치적 영역에서 적극적 활동을 할 수 있게 되었다는 점이다.

이 책에서는 미국 역사상 퍼스트레이디로서 큰 변화를 가져온 엘리너 루스벨트의 정치적 리더십의 구축 과정과 소외계층을 위한 '감성 리더십'을 다양한 각도에서 정리하였다. 좀 더 구체적으로 보면, 엘리너의 정치적 신념이 당시 루스벨트 대통령을 대변하는 민주당의 정치적 신념과는 어떠한 차이를 지니는지를 살펴보고, 미국의 퍼스트레이디 역사상 하나의 전환기가 되었던 엘리너의 정치적 리더십의 구축 과정을 20세기 미국 여성들의 사회, 정치사적인 상황에 입각해 재조명하였다. 주로 엘리너가 백악관에 입성했던 전후 기간 중 인종, 계층, 학력, 빈부의 차이를 초월해서 다양한 사람들을 통합하고 그들과 소통하기 위한 노력들을 어떻게 구현해 나갔는지, 특히 엘리너가 복지국가 실현에 있어서 중요한 철학인 소외계층에 대한 사회적 책임이라는 새로운 관념의 토대를 마련하는 데 어떠한 역할을 했는지를 살펴보았다. 또한, 여성들을 위한 정치적 중심축으로서 어떻게 전략적으로 '감성 네트워크'를 활성화시켰는지를 신문, 잡지 등에 보도된 자료 등을 중심으로 분석하였다. 이 책에서는 그동안 국내 학계에서 퍼스트레이디들의 리더십이 어떻게 구축되고 발현되었는지에 대한 '사회구조적 관점'의 연구가 전혀 시도되지 않았고, 비록 퍼스트레이디들의 연구가 있었더라도 영웅적 대통령을 내조했던 백악관 안주인으로서의 전기적 서술에 그쳤던 점에 주목하고자 한다. 새로운 세기에 새로운 여성 리더십을 절실히 필요로 하는 시대적 요구에 부응하여 현대적 관점에서 엘리너의 '감성 리더십'이 어떠한 의미를 지니는지를 살펴보며, 본 저서에서는 20세기에 주를 이루었던 권력관계나 위계적인 조직구조에 기초한 리더십이 아닌 '소통'과 '공감'을 통해 자발적 동기를 이끌어 내는 '감성 리더십'의 의미를 재조명하였다. 이러한 시도는 21세기를 위한 새로운 대안적 리더십으로서 앞으로의 정치적 여성 리더십의 방향이 어떻게 모색되어야 할지에 대해서도 올바른 지침을 제시해 줄 것이라고 본다.

1.
엘리너의 생애와 백악관 생활

"자신의 가치란 다른 사람이 아닌 내가 정하는 것이다.
당신이 동의하지 않는 한 어느 누구도 당신을
열등한 존재로 만들 수 없다."

• 생애

1884년 뉴욕에서 출생한 안나 엘리너 루스벨트(Anna Eleanor Roosevelt, 1884-1962)는 불우한 어린 시절을 보내게 되었다. 엘리너보다 두 오빠에게 더 많은 관심을 보이는 어머니로 인해서 엘리너는 성장 과정에서 큰 상처를 받았고, 어려서 매우 소극적인 성격을 가지게 되었다. 그녀는 어린 시절 거의 모든 것에 대해 두려워했다. 그녀의 회고록에 의하면 "나는 거의 모든 것에 대해 두려움을 느끼곤 했는데 그 대상에는 쥐, 어두움, 상상 속에서의 모든 위험

물들이 있었다."[1]라고 한다. 엘리너가 8살 되던 해 어머니는 세상을 떠나셨고 알코올 중독인 아버지는 정신착란으로 사망하였다. 그 후 그녀는 매우 엄격한 조모 '메리 홀(Mary Hall)'에게로 보내졌다. 엘리너의 어릴 적 교육은 가정에서 이루어졌고 매우 엄격한 교육을 받게 되었다. 그러던 중 15살이 되던 해 영국에 있는 진보적 성향이 강한 프랑스어 기숙학교인 앨런스우드(Allenswood)로 향했다. 엘리너는 앨런스우드 학생으로 역사 과목에 매우 큰 관심을 가지고 있었다. 이후 엘리너는 앨런스우드에 머물렀던 3년간이 그녀의 인생에서 가장 행복한 순간이었다고 회상하였다. 영국의 학교에서 시간을 보낸 후 자신감을 가지게 된 엘리너는 이후 마음껏 재능을 발휘하며 그동안 그녀를 괴롭혔던 모든 두려움으로부터 해방되었다.

학창 시절 엘리너는 사회적으로 소외된 계층들을 위해 모금 마련의 활동을 하는 주니어 연합(Junior League)의 구성원이 되었다. 이 모임의 프로젝트 중

---

[1] Joseph P. Lash, Eleanor and Franklin (New York: Norton & Company, 2014), p.87.

하나는 당시 맨해튼 동부 빈민가에 주로 정착해 있는 이민자들을 위한 교육을 담당했던 '사회복지관(Settlement House)'을 돕는 것으로 엘리너는 그녀의 절친한 친구 진 레이드와 함께 이곳에서 활동을 하였다. 레이드는 음악을 가르쳤고 엘리너는 체조와 무용을 가르쳤다. 당시 '사회복지관 운동(Settlement House Movement)'은 고학력의 여성들이 중심이 되어 사회 참여의 일환으로 전개되었고, 엘리너도 친구들과 함께 이 운동에 참여하게 되었던 것이다. 엘리너는 점차적으로 노동자 여성들에 대해 관심을 가졌고, 당시 섬유공장과 백화점 점원들의 노동 조건을 살피는 '전국 소비자 연맹(National Consumers League)'에서 활약하기도 하였다.

 1905년 20세의 나이에 엘리너는 먼 사촌지간이었던 루스벨트와 결혼을 하였다. 루스벨트는 엘리너를 기차에서 우연히 만났는데 그 당시 루스벨트는 엘리너의 자신만만한 모습에 반했다고 회고하였다. 시어머니인 사라 루스벨트가 그들의 결혼을 반대하였지만 프랭클린은 어머니의 반대에 대해 끊임없이 설득하였고 결국 결혼에 성공하였다. 결혼 후 엘리너는 시어머니에게 순종적인 며느리였다. 루스벨트가 1913년과 1920년 사이 해군부 차관보로, 또 1920년 부통령 후보로 대통령 선거에 출마하기까지 남편 뒤에서 조용히 내조하였다. 그러는 동안 집안의 경제권을 가지고 있었던 사라는 엘리너의 자녀 양육이나 거주 문제 등 모든 사소한 일까지도 사사건건 간섭하였다. 이러한 생활에 엘리너는 점점 지쳐 갔다.

엘리너는 1905년 프랭클린과 결혼해 정치적 입문을 하였지만 조용히 남편 뒤에서 내조만 하였다. 그러던 엘리너의 삶을 완전히 바꾸어 놓은 두 가지 사건이 있었다. 첫 번째 사건은 1917년 프랭클린 루스벨트와 엘리너의 비서였던 루시 머서(Lucy Mercer)와의 관계를 알게 된 것이었다. 그 사건은 그녀에게 큰 상처를 안겨 주었고 엘리너와 루스벨트의 사이는 점점 멀어져 갔다. 루스벨트와 루시 머서와의 관계는 1916년에 시작되었고 1945년 루스벨트 사망 때까지 지속되었다.

처음에 엘리너는 이혼을 생각하였으나 시간이 지나고 차차 마음을 바꾸게 되었다. 왜냐하면 그때 이미 루스벨트는 뉴욕주 상원의원직을 수행하고 있었고, 이혼은 루스벨트는 물론 그녀를 위해서도 결코 도움이 되지 않을 것을 깨달았기 때문이었다. 이러한 결심을 한 후 1918년 엘리너는 루스벨트와의 전통적인 결혼 생활이 아닌 정치적 파트너 관계로 방향을 전환했다. 그 당시 미국 사회는 여성들에게 참정권이 부여되기 이전이었기 때문에 공무원이나 전문직에 참여하기도 어려웠지만 엘리너는 그녀만의 인생을 만들어 가기 시작했다. 엘리너는 독립을 선언한 후에 '여성 유권자 연맹'과 '민주당'의 여성 조직을 통해서 자신감을 조금씩 쌓아 갔다. 그리고 엄청난 에너지를 가지고 주택 공급과 미성년자 노동법, 선거인 등록, 산아 제한 등의 문제에 열중했다. 그리고 엘리너는 루스벨트의 정치에서 공통 관심사를 발견하게 되어 공동의 가치와 상호 필요성에 기반을 둔 새로운 관계를 유지시켜 나갔다.

두 번째 사건은 엘리너가 프랭클린이 소아마비에 걸

려 정상적인 생활을 할 수 없다는 것을 발견한 것이다. 1921년 여름 루스벨트는 아이들과 뱃놀이를 하다가 차가운 바닷물에 빠졌다. 처음에는 단지 감기에 걸린 줄 알았는데 그는 침대에서 일어나지 못했고, 다시는 두 발로 걸을 수가 없었다. 39세의 나이에 루스벨트는 소아마비가 되었던 것이다.

그 후 엘리너에게는 커다란 변화가 생겼다. 그녀는 남편의 정치적 경력에서 상담자로서의 새로운 역할을 담당하게 되었다. 점차적으로 엘리너는 강인한 정신력의 소유자가 되었고, 프랭클린에게도 정치적 활동을 포기하지 말 것을 설득했다. 그녀 자신도 더 이

상 소극적으로 가정에 머물지 않고 신문에 칼럼을 쓰고 라디오 방송에 출현하면서 정치적 영역으로 활동을 확대해 나갔다. 그녀 스스로 본격적인 정치적 활동을 시작한 것이다. 그녀는 여성 유권자 연맹(League of Women Voters, LWV), 전국 소비자 연맹(National Consumers League, NCL), 민주당(Democratic Party)과 특히 여성 노조 연맹(Women's Trade Union Labor, WTUL) 등에서 활발한 활동을 시작하면서 프랭클린이 구축한 정치 경력과는 무관하게 그녀 스스로 정치적 활동을 본격적으로 전개해 나갔다.

오히려 역설적이게도 성장기의 불우한 경험이 그녀에게는 매우 긍정적으로 작용을 했다. 그녀는 이러한 어려움을 통해서 오히려 세계를 보는 눈을 폭넓게 키워 가게 되었다. 그녀의 낙관적인 믿음 덕분에 루스벨트 대통령이 소아마비에 걸렸을 때도 이를 잘 극복할 수 있었다. 남편이 정치인으로서 경력을 쌓아 가던 중 소아마비라는 청천벽력의 소식을 접했을 때에도 그녀는 낙담하지 않고 남편을 도와줄 방법을 생각했고, 남편의 발이 되어 주기를 결심하게 되었다. 물론 간호하는 것도 중요했지만, 그녀는 남편이 절망하지 않고 극복해 나갈 수 있는 방법을 찾았다. 남편이 정치에 대한 관심을 잃게 하지 않는 것이 남편의 건강을 되찾는 가장 좋은 방법이라고 생각한 엘리너는 끊임없이 온 힘을 다해 루스벨트의 재기를 도왔다. 엘리너는 루스벨트의 투병 기간 동안 침대에서도 세상 사람들과 소통하고 싶어 했던 남편에게 그녀가 직접 보고 느낀 세상의 소식들을 전함으로써 많은 도움을 주었다.

• 1929년 경제공황 그리고 백악관 생활

1929년 미국에는 극심한 경제공황이 닥쳐왔다. 검은 목요일에 미국의 주가는 폭락하고, 실업률이 급증하는 위기가 닥쳐온 것이다. 이러한 위기의 상황에서 루스벨트는 대통령 선거에 나서게 되었다. 1932년 프랭클린이 대통령에 출마했을 때 엘리너는 매우 적극적으로 선거운동에 임했다. 민주당 여성지부에 일반 대중을 통합시켰으며 공적으로는 선거운동을 하면서 대중 연설을 했다. 적극적인 사진 촬영과 선거용 문구 작성 등을 통해서 루스벨트의 승리를 적극적으로 도왔다. 1940년 선거에서 역사적인 3선에 도전했을 때에도 엘리너의 이러한 공적 활동은 이후 다른 퍼스트레이디들에게도 큰 영향을 끼치게 되었다.

국가적 위기와 순간에 루스벨트는 희망과 신뢰의 리더십을 발휘하게 되었다. 그는 1932년 대통령 취임 연설에서 "국민들이 두려워해야 할 것은 두려움 그 자체"라는 유명한 말을 남기기도 하였다. 여기에는 퍼스트레이디 엘리너의 내조가 지대한 영향을 끼치게 되었다. 그녀는 루스벨트의 마음에 있는 것을 서로 나눌 수 있도록, 여성 노조운동에서 만난 친구들을 통해서 새로운 것들을 깨닫게 해 주었다. 하지만 엘리너는 항상 그를 지지한 것은 아니었으며 반대 의사도 표명하며 긴장 상태를 유지했다. 뉴욕주 민주당의 정치활동도 꼼꼼하게 챙기고 지역 활동에도 자주 참가하였다. 그 덕택에 루스벨트는 건강이 회복되었을 뿐만 아니라 당시 정치 상황을 파악할 수 있었다. 루스벨트의 태도는 "한번 해 보세요, 나도 해 보았습니다."라는 것이었다. 또 그는 치료센터가 부유층만을 위한 장소라는 인식을 깨기 위해 노력했다. 그의 자금도 투입했고 친구들에게도 투자를 하라고 해서 실용적이고, 현대적이며, 과학적인 치료센터로 만들었다. 전국 각처에 질병으로 고생하는 사람들이 사용할 수 있도록 의료와 간호 시설을 갖출 수 있는 기금이 조성되기를 바랐다.

엘리너 이전에는 백악관의 안주인으로서 퍼스트레이디들은 공적인 영역에서 매우 제한적인 활동만이 있어왔다. 그러나 엘리너의 등장은 퍼스트레이디로서의 역할에 큰 변화를 가져다주었다. 이는 미국의 경제공황이라는 국가적 위기를 극복하는 과정에서 생겨난 변화였다. 엘리너 이후 미국의 퍼스트레이디들은 그들이 원하는 일들을 할 수 있게 되었다. 경제 대공황기 루스벨트 정부의 뉴딜 정책은 여성들에게 유익한 프로그램을 제공하지 못했다. 실행 초기 많은 여성들은 여기에 대해 불만을 토로했지만 정치적 영향력을 갖지 못한 상태에서 불평은 별 효력을 발휘하지 못했다. 이러한 상황을 바꾸어 놓은 사람이 바로 엘리너 루스벨트였다. 그녀는 루스벨트 행정부의 이러한 뉴딜 정책에 대해 비판의 글을 썼으며, 퍼스트레이디라는 지위를 이용해 라디오 방송, 신문 칼럼, 책, 연설 등을 통해서 여론을 형성해 나갔다. 미국인들은 엘리너가 경제공황을 타개하기 위해 적극적 활동을 하는 것에 대해 큰 신뢰를 보였으며, 그와 더불어 그는 여성들의 정치적 네트워크의 확대를 통해 여성들의 정치 참여에 큰 변화를 불러왔다. 프랭클린이 대통령으로 있는 동안 미국과 연합국은 세계대전을 승리로 이끌었으며 대공황을 극복했다. 또한 이 기간 중 세계 무대에서 미국 정부의 역할을 보다 중요한 입장에 있도록 만들었다. 엘리너 이후 미국의 퍼스트레이디들은 경제, 정치적 영역에서 적극적 활동을 함에 있어 큰 제한 없이 활동해 오고 있다. 그녀는 정부는 국민들의 삶을 향상시키기 위해서 적극적 역할을 수행해야 한다는 굳건한 믿음을 가지고 있었다. 그녀의 정치적 신념은 공공의 참여, 교육에 대한 헌신, 여성과 청년층을 포함 소수계층의 요구에 대한 인식을 목표로 하는 민주주의를 성취하는 것이었다.

엘리너는 백악관의 사교 기능을 대폭 확대하여 보다 실질적인 면에 치중하려 노력하였다. 백악관의 공식 리셉션에는 광산과 농촌의 젊은이들, 감화원의 흑인 소녀, 직장 여성 단체 및 각종 단체의 대표들이 초대되었다. 엘리너는 이러한 일이 바로 제대로 된 사교라고 생각하였다. 또한 엘리너는 뉴딜 정책 중에서도 젊은이들을 위한 혜택이 미흡하다는 것을 느끼고 백악관을 그들에게 개방하고 토론의 장으로 활용하도록 하였다. 당시의 미국 청년들은 공산주의의 유혹을 받고 있었는데 만일 청년들이 공산주의 사상에 물든다면 사회 기강이 뿌리째 흔들릴 것이란 점을 백악관에 일깨우기 위해서였다.

  루스벨트 부부는 이전 대통령들이 받았던 양의 세 배를 넘는 미국 역사상 전례 없이 많은 편지를 받았다. 그것도 옛 정부 때와 다르게 계급이 노동자층이고 도움을 청하는 편지를 많이 받았다. 이 편지에는 지극히 개인적인 문제에서부터 세계 문제에 이르기까지 모든 영역이 포함되어 있었다. 대개는 농부, 소작농, 실업자, 중산층의 아이들, 가난한 노동자의 아이들 등이었다. 루스벨트의 뉴딜 정책에도 불구하고, 실업률은 공황이 끝날 때까지 두 자리 수치로 남아 있었다. 그때 경제 위기가 청소년에게만 고통을 유발한 것은 아니지만 타격이 엄청났다. 다른 연령층에 비해 직업적인 경험뿐만 아니라 일자리가 부족했기 때문에 청소년 실업률은 전국 평균 실업률을 뛰어넘었고 국가의 미래에 미치는 부정적인 영향도 우려되는 상황이었다. 루스벨트 정부에서는 예산 부족 때문에 도움을 받지 못하는 청소년들도 많았다. 이럴 때 젊은이들이 엘리너에게 도움을 청할 수 있다고 느껴서 많은 편지를 보내게 되었다. 그들은 단지 그냥 도움을 청하지 않고 친한 친구나 가족처럼, 오히려 부모님께 말하지 못하는 것도 엘리너에게 털어놓았다. 이는 엘리너가 보인 빈민과 노동자 계층을 위한 그녀의 진정성 때문이었다. 공황기 후반부에 많은 논쟁이 있었긴 하지만 엘리너는 어려운 계층들을 위해 재정적으로도 많이 도와주었다. 미국 프렌즈 봉사회를 통해 웨스트버지니아에 위치한 한 학교에 기부금을 보냈고 또 가난한 학생들에게 장학금도 지급하기도 했다.

엘리너는 청소년에 대한 교육에도 많은 관심을 가지고 있었다. 청소년 교육에 있어서 그녀가 가장 중요하게 생각했던 것은 호기심, 흥미, 상상력, 나아가 삶에 대한 모험심이었다. 물론 이것들을 가르쳐 주는 곳은 없지만 배움의 효과를 높이고, 삶을 열정적으로 살아가게 하고, 끊임없이 새로운 경험과 더 깊은 이해를 추구하게 할 수 있게 한다고 믿었다. 그녀의 교육철학에 의하면 어린이에게는 정보를 가르치는 것보다 필요한 사실들을 스스로 찾아내고, 자신에게 맞는 학습 방법을 익힐 수 있도록 단련시키는 것이었다. 가장 효과적이고 유익한 교육 형태는 그 자신이 관심을 가질 만한 요소를 찾는 것이고, 어리석은 사람들의 의견에 흔들리지 않는 것이라고 주장하였다. 또한 살아 있는 세상을 탐구하면서 세상의 움직임에 자신을 연결하도록 노력하고, 자기 자신을 객관화시켜야 한다고 생각했다.

엘리너는 루스벨트 행정부에 있어서 감성의 중심축 역할을 하였다. 그녀는 정책에 대한 것과 인사에 대한 추천 내용이 담긴 소위 "엘리너 바구니(Eleanor Basket)"로 알려진 정규보고서를 대통령께 제출하였다. 연방 일자리에 여성들의 임명을 적극 추천하였다. 엘리너는 유능한 여성들이 뉴딜 프로그램에 동참할 수 있도록 기회를 제공해 주는 전략적 위치에 놓여 있었다. 한 예로 그녀는 어려움에 봉착해 있는 여성 정치인들을 위해 만찬 자리를 마련하여 그들을 대통령 옆자리에 앉게 함으로써 자연스럽게 대통령과 이야기를 나눌 수 있는 기회를 마련해 주었다. 이렇게 대공황기에 엘리너는 여성들의 네트워크 형성에 지대한 영향을 끼치게 되었다. 그녀를 통해서 많은 여성 지도자들이 대통령과 대면할 기회를 가졌고 노동과 사회복지 정책에 있어서도 큰 역할을 수행하였다. 그 결과 노동부 장관으로 프란시스 퍼킨스, 여성 고용 프로그램의 책임자 엘렌 우드워드가 임명되었다. 이로써 엘리너는 여성들의 네트워크 형성 및 여성 정치 인력 구축에도 큰 기여를 하였다. 이에 대해서 여성국의 메리 앤더슨은 다음과 같은 말을 하였다.

"엘리너는 항상 우리가 무슨 일을 하는지를 알고 있었고 우리가 직면하고 있는 문제가 무엇인지를 이해하고 있었다. 나는 미국의 모든 여성들은 엘리너에게 도움을 청할 수가 있고 또한 도움을 받을 수 있다고 생각한다. 그녀는 대통령으로 하여금 관심을 갖고 문제를 해결할 수 있도록 도와줄 것이다."[2]

---

2) Mary Anderson, Women at Work (Minneapolis: The Lund Press, 1951), p.178.

 엘리너는 공적인 생활을 하는 동안 이상주의자로서 인류애를 강조하였다. 뉴딜 프로그램에서 간접적으로 워싱턴의 권력지향적인 분위기에서 소외되었던 그룹 즉 흑인, 빈곤층, 여성들을 위해서 적극적인 활약을 하였다. 뉴딜 프로그램에서 여성을 고용하기 위한 로비 활동을 하였고 최소 4천 명 이상의 여성들이 우편 관련 직업을 갖게 되었다. 대공황기 기혼 여성들의 경제적 참여의 기회를 박탈했던 경제법 제23조로 알려진 "기혼자관계조항"의 부당함에 대해 이의를 제기하며 폐지를 주장하였다. 엘리너는 여성들도 자아실현을 위

해 직업을 갖는 것이 필요하고 생계유지를 위해 일을 해야 한다고 주장했다.

엘리너는 소외된 그룹인 흑인들과 노인 문제에 있어서도 많은 관심을 가졌다. 또한 그녀는 인종차별 문제의 심각성을 인지하고 백인과 흑인의 평화로운 조화를 강조하였다. 1936년 전국도시연맹에서 행한 연설에 의하면 "미국 내 흑인들에게 좀 더 나은 교육의 기회를 제공해 주어야 하고 또한 흑인들을 위한 생활환경 개선, 특히 아동들의 건강을 위한 정부의 프로그램이 필요하다."라고 주장하였다. 엘리너는 노인 연금정책에도 많은 기여를 하였다. 노인연금법에 대하여 그 장단점을 세밀히 지적하면서 좀 더 융통성 있는 연금법을 실시할 것을 강조하였다.

제2차 세계대전 중 엘리너의 역할은 매우 중요하였다. 그녀는 국가적 위기에 정부와 국민들 사이에 벌어져 있는 차이를 좁히는 역할을 수행하였다. 퇴역군인들의 불만해소를 위해 루스벨트는 엘리너를 파견하여 교섭을 시도하였고 중앙아메리카에 주둔하고 있던 미군부대를 위문하였다. 또한 전쟁으로 인한 피해자들을 구원하였는데 그녀는 영국의 어린이들이 미국으로 건너와 안전하게 머물도록 도와주었다. 또한 유태인들이 미국정부의 보호 아래 반유대주의적인 체제로부터 정치적 망명을 할 수 있도록 하였다. 이 일을 위해 의회에 로비와 국무부에 압력을 가해 더 많은 비자 발급을 받을 수 있도록 도모하였다.

1945년 4월 웜스프링스에서 루스벨트가 뇌출혈로 사망하였을 때 전쟁은 거의 막바지에 이르렀고 부통령 트루먼이 대통령직을 승계하였다. 엘리너는 루스벨트 대통령 사후 더욱 활발하게 활동하였다. 루스벨트 사후 엘리너는 라디오, TV에 출현하였고 신문 칼럼, 자서전 발간, 잡지에 고정 칼럼을 쓰기도 했다. 1947년에 유엔 미국 인권 위원회 의장이 되었고, 이듬해에 유엔에서 '세계 인권 선언'이 채택되는 데 주도적 역할을 하였다. 이 선언문에서는 모든 사람들이 누려야 할 많은 경제적, 문화적, 정치적 권리를 세부적으로 규정하였다.

 엘리너는 4권의 자서전, 7권의 아동 서적들, 그리고 550개가 넘는 기사들을 썼을 뿐만 아니라 30년 동안 일 년에 50회 이상의 연설을 하기도 하였다. 엘리너는 미국인들에게 가장 인기 있었던 신문 칼럼 중에 하나였던 "나의 하루(My Day)"를 26년(1936-1962)간 집필하였으며 수많은 잡지의 글을 통해 미국인들의 가치를 전파하였다.

2.
엘리너의 정치적 리더십의 구축 과정

"나를 통제하려면 머리를 써야 하고
남을 통제하려면 마음을 써야 한다."

'감성 리더십'은 21세기가 도래한 이래로 리더십 분야에서 주로 사용되고 있는 용어로서 위계질서를 바탕으로 한 영웅적 리더십이 아닌 수평적 관계를 지향하고 유기적 관계를 강조하는 리더십이라고 할 수 있다. 감성 리더십에서 있어서 가장 중요한 요소는 국민의 감정과 심리 상태를 파악하고 그로부터 공감대를 형성하여 그들의 자발적 호응을 이끌어 내는 것이다. 이렇게 감성 리더가 되기 위해서는 사람들의 마음과 마음을 연결하여 '감성 네트워크'를 구축할 수 있어야 하는데 그러기 위해서는 그들의 이야기를 경청하고 의사소통이 원활하게 이루어져야 한다. 이러한 관점으로 볼 때 20세기 미국의 가장 큰 위기였던 경제공황과 제2차 세계대전 시기에 국민적 영웅으로 카리스마를 통해 리더십을 발휘했던 루스벨트와는 다르게 엘리너는 소외계층을 위한 수평적 감성 리더십의 여러 면모를 보여 줌으로써 국가의 신뢰회복에 지대한 영향을 끼쳤다.
  정치적 리더가 감성 리더십을 발휘하기 위해서는 높은 '감성적 역량'이 요구된다. 이러한 감성적 역량은

'자기인식 능력'과 '자기관리 능력'을 통해서 발현된다. 이 두 가지 요소를 구체적으로 살펴보자면 다음과 같다. 우선 첫째로 '자기인식 능력'은 자신의 감정, 재능, 한계 등에 대한 충분한 이해를 의미한다. 둘째, '자기관리 능력'은 자신의 감정과 자신이 무엇을 얻고자 하는지를 분명히 인식하고 바르게 표현하는 능력을 말한다. 감성적 리더로서 엘리너는 이러한 두 가지 요소를 잘 갖추고 있었다. 첫째로 '자기인식 능력'의 관점에서 보면 엘리너는 자신의 감정, 재능, 한계, 가치, 목적에 대해 잘 이해하고 있었다. 그녀는 자신의 소극적인 성격을 어떻게 극복해야 할지를 항상 고민했으며 또한 퍼스트레이디로서 전통적인 여성관과 공적인 활동 사이의 조화와 균형을 어떻게 유지해야 하는지를 끊임없이 연구하였다. 그녀는 퍼스트레이디로서 국민에 대한 이해와 배려, 공감을 바탕으로 위기에 봉착한 미국의 가치와 목표를 국민과 공유하기 위해 노력하였다. 둘째로 엘리너는 루스벨트의 정치권력과는 무관하게 그녀 스스로 정치적 리더십을 구축해 가면서 철저한 자기관리 능력을 보여 주었다. 그녀는 백악관에 입성하기 전부터 여성 유권자 연맹(League of Women Voters, LWV), 전국 소비자 연맹(National Consumers League, NCL), 그리고 여성 노조 연맹(Women's Trade Union Labor, WTUL) 등에서 활발히 활동하면서 정치적 감각을 키워 갔다. 또한 그녀는 이러한 다양한 경험을 통해 사회, 정치적으로 끊임없이 진화하는 면모를 보여 주었다.

엘리너의 정치적 리더십의 구축 과정은 그녀가 정치 활동을 해 나가면서 얼마나 많은 변화를 경험했는지를 살펴보는 것이 매우 중요하다. 그리고 그녀의 이러한 변화 과정은 동시대를 살았던 미국 여성들이 어떠한 정치, 사회적인 변화를 경험해 왔는지를 간접적으로 반영하는 것이기도 했다. 이것은 다시 말해서 20세기 미국 여성들의 정치적 성장 과정을 통한 여성상을 보여 주는 것이기도 하였다. 미국 여성들은 1920년 수정헌법 제19조에 의해 오랜 세월 투쟁해 온 참정권을 획득하였다. 그들은 참정권의 획득이 많은 차별적인 상황을 종식시켜 줄 것이라고 믿었다. 하지만 여성들은 참정권 획득 이후에도 전과 같이 전통적인 여성관이 지배하는 미국 사회에서 재산권과 양육권에 있어서 법적인 차별을 받았다. 그뿐만 아니라 여성들의 재생산 권리도 여전히 통제의 대상이 되었다. 이러한 상황에도 불구하고 여성들에게는 서서히 변화의 움직임이 시작되었다. 1921년 입법부에 진출했던 여성이 총 29명이었던 것이 1929년에는 149명으로 증가하였다.[3] 1930년 경제 대공황이 불어 닥치고 미국 내 여성운동은 비교적 소원해진 것처럼 보였지만 대다수의 여성들은 변함없이 여성문제에 대해 큰 관심을 가지고 있었다. 사회주의 페미니즘의 영향으로 '여성 유권자 연맹'은 연방이나 주정부의 법 제정에 있어서 중요한 역할을 하였고, 1925년에는 국제 여성 평화 자유연맹(Women's International League for Peace and Freedom,

---

3) Genevieve Pankhurst, "Is Feminism Dead?" Haper's Magazine 170, 1935, p.741.

WILPF)과 같은 단체가 창립되었다.[4]

오늘날 엘리너는 사회 운동가이자 실용적이고 명석한 정치인으로 평가받고 있지만 이러한 모든 것들이 처음부터 가능했던 것은 아니다. 퍼스트레이디가 되기 전 그녀가 정치적인 관심을 갖고 다양한 활동을 해 가던 중에도 또한 백악관 입성 이후에도 엘리너는 여전히 모성을 중시하는 전통적인 여성관을 지니고 있었다. 이것은 그 당시 시대적 한계를 보여 주는 것이었다. 앞에서도 언급했듯이, 1920년 수정헌법 제19조에 의해서 여성 참정권이 인정된 이후에도 미국 여성들의 지위에는 큰 변화가 없었다. 여성들은 여전히 사적 영역에 머물러 있는 것이 당연히 여겨졌으며 경제활동에 참여할 수 있는 기회는 많지 않았다. 1932년 프랭클린 루스벨트가 대통령에 처음으로 당선되었을 때 엘리너는 퍼스트레이디 역할 수행에 대해 매우 소극적으로 대응하였다. 그녀는 "나는 그저 남편을 내조하는 것뿐이다. 그것

---

4) William Chafe, The American Women: Her Changing Social, Economic, and Political Roles, 1920-1970 (New York: Columbia University Press, 1999), pp.114-15.

이 전부다."라고 말하곤 했다. 그러나 여기에서 주목해야 할 점은 엘리너가 루스벨트 당선 초기에 지니고 있었던 이러한 소극적 자세는 시간이 지남에 따라 정치적으로 커다란 변모를 거듭하게 되었다는 점이다. 심지어 그녀는 여성 유권자들의 교육에 힘쓰면서 그녀의 정치적 경력도 함께 쌓기 시작했다. 1936년 선거에서 여성 유권자 투표 비율을 늘리는 데 큰 역할을 했다. 1938년 엘리너는 그녀의 감정적 변화에 대해서 저널리스트 로레나 히콕(Lorena Hickok)에게 "나는 전혀 힘들지 않습니다. 내 인생에 어려움에 봉착할 수도 있겠지만 전혀 새롭지 않아요. 나는 곧 이러한 어려움을 극복할 것입니다."[5]라고 언급하였다. 엘리너의 이러한 의지는 곧 현실로 나타났다. 1939년 4월 17일 자 타임 잡지는 그녀를 표지에 장식하면서 시대에 보기 드문 성공 사례로 소개했다. 또한 잡지는 엘리너야 말로 "수백만의 전업주부들에게 귀중한 조언을 해 주는 사람"으로 "세계의

---

5) Maurine H. Beasley, Eleanor Roosevelt: Transformative First Lady (Kansas: University Press of Kansas, 2010), p.163.

가장 영향력 있는 여성 정치가"로 소개하면서 이는 엘리너가 단순히 대통령의 부인이 아닌 자신만의 정치적 목소리를 냈기 때문이라고 밝혔다.[6]

1940년 대통령 선거가 있을 무렵 엘리너는 루스벨트가 첫 임기를 시작했던 시절과는 전혀 다른 상황에 놓여 있었다. 앞에서 언급한 바와 같이 1932년 퍼스트레이디로서 엘리너의 역할은 모호할 뿐만 아니라 이를 대하는 그녀 또한 매우 소극적이었다. 이제 상황은 완전히 달라졌다. 그 당시 비록 제2차 세계대전의 전운이 감돌고 있었음에도 불구하고 엘리너는 인권을 중시하는 정부로 만들어 가려고 노력하였고, 미국인들은 이러한 그녀를 크게 지지하였다. 그녀는 많은 정치적 반대 세력들로부터 지나치게 정치에 간섭한다는 비판을 받고 있었음에도 불구하고 워싱턴에서 가장 영향력 있는 인물이 되어 있었다. 이러한 사실은 한 설문조사 결과를 보면 잘 알 수 있다. 1939년 1월 겔럽 폴(Gallup Poll)이 미국인에게 "당신은 엘리너 루스벨트

---

6) Ibid. p.164.

가 퍼스트레이디로서 적절히 행동하고 있다는 점을 인정하십니까?"라는 질문에 대해서 67퍼센트의 응답자들이 "그렇다"라고 대답하였는데 이 당시 루스벨트에 대해서는 58퍼센트의 응답자가 "그렇다"라고 대답하였다.[7]

미국 역사상 엘리너가 퍼스트레이디로서 하나의 중요한 전기를 이루었던 점은 리더십 구축 과정에서 확실한 정치적 신념을 바탕으로 매우 구체적인 정치적 접근을 시도했다는 점이다. 그녀는 의회 위원회에서 증언을 했으며, 루스벨트의 정책 결정에 있어서도 그의 생각을 바꾸도록 적지 않은 영향을 끼쳤으며, 마지막으로 여론 형성을 통해 대중들을 움직였다. 여기서 중요한 점은 엘리너의 리더십 구축과정이 정치적 신념을 주장하기에 앞서 행동으로 실천해 나가면서 국민들과의 소통을 통한 여론 형성에 주력했다는 점이다. 엘리너에게 있어서 정치는 정부가 국민들에게 보다 나은

---

7) George Gallup, "Mrs. Roosevelt More Popular Than President, Survey Finds," Washington Post, January 15, 1939. section 3, p.1.

삶을 영위할 수 있도록 무엇인가를 할 수 있게 하는 것이었다. 그리고 그녀는 퍼스트레이디라는 자리를 통해서 다양한 방법으로 국민의 삶을 향상시키기 위한 계획을 관철하려고 노력하였으며, 그녀의 '정치적 신념'은 여러 가지 방법으로 국민들에게 전달되었다. 특히, 1936년에서 1962년까지 26년간 정기적으로 써 왔던 신문 칼럼 "나의 하루(My Day)"는 그녀의 정치적 신념이 적극적으로 반영되었을 뿐만 아니라 대통령을 통하지 않고 그녀 스스로 국민들과 직접 소통하는 아주 중요한 통로 역할을 해 주었다. 신문 칼럼 "나의 하루"에서 보이는 엘리너의 정치적 신념은 크게 세 가지로 정리해 볼 수 있다. 첫째는 자유를 바탕으로 한 '실용적 민주주의(Pragmatic Democracy)'에 대한 믿음, 두 번째는 프론티어 정신을 골자로 하는 '미국인의 이상(American Dream)' 그리고 마지막으로는 평등을 위한 '인권(Human Right)'을 위한 정치였다.[8]

---

8) David Emblidge, ed., My Day: The Best of Eleanor Roosevelt's Acclaimed Newspaper Columns 1936-1962 (New York: Da Capo Press, 2001), pp. 3-84.

엘리너의 민주주의에 대한 신념이 특별한 이유는 그녀가 '실용적 민주주의'를 주장했다는 점이었다. 이는 다시 말해서 그녀가 당시 루스벨트 행정부에서 주장한 이념적인 측면뿐만 아니라 실생활에서 어떻게 민주주의를 실천해 나갈 것인지에 대해 구체적인 방법을 제시했다는 점이다. 엘리너의 이러한 주장은 특히 미국이 제2차 세계대전에 참전해서 전쟁을 치루는 동안 "나의 하루"를 통해 국민에게 전달되었다. 미국은 전쟁 총동원령과 함께 가정의 생필품도 배급제로 바꾸어 가면서 전시체제 경제 시스템을 운영하였다. 엘리너는 이러한 전시체제하에서 전쟁 물자를 공급하기 위한 가정의 노력을 역설하였다. 특히 그녀는 가정에서 소비하고 있는 지방을 줄여 전쟁 물자를 생산하는 데 조금이라도 기여할 것을 호소하였다. 엘리너는 다른 모든 미국인들과 마찬가지로 해외로부터 공산주의 위협에 대해 심각하게 받아들였다. 그러나 그녀의 실용적인 접근은 미국 정부와는 달랐다. 엘리너는 무기로 재무장하는 방법보다는 소련과 우정 관계를 형성하기를 원했고, 크렘린을 방문하거나 후루시쵸프와 인터뷰하였으며 심지어 뉴욕의 그녀 아파트에서 그를 위해서 홍차를 대접했다. 이러한 그녀의 행보에 대해서 한 보좌관은 "그녀는 그에게 한 조각의 마음을 대접했다."라고 설명하기도 하였다.[9]

엘리너의 두 번째 정치적 신념은 '미국인의 이상(American Dream)'의 중요성을 강조한 점이다. 역사적으로 미국인들에게 있어 '미국적 이상'이라는 것은 매우 중요한 신념이었고, 엘리너가 백악관에 있었던 위기의 시기에는 이러한 가치가 절실히 필요하였다. 엘리너는 미국이라는 국가가 변화무상한 만큼 '미국인의 이상' 또한 고정적인 것이 아니기 때문에 새로운 세상을 위한 새로운 방법으로 문제 해결을 시도해야 한다고 설명하였다. 또한 그녀는 이를 위해 필요한 것은 '교육'을 바탕으로 한 '프론티어 정신'을 함양하는 것이라고 주장하였다.[10] 이러한 차원에서 그녀는 모든 청소년들

---

9) Ibid. p.78.
10) Ibid. p.51.

에 대한 교육을 강조하였다. 그녀가 교육에 있어서 가장 중요하게 생각했던 것은 호기심, 흥미, 상상력, 나아가 삶에 대한 모험심으로 좋은 교육방식은 정보를 가르치는 것보다 필요한 사실들을 스스로 생각하고 판단할 수 있도록 하는 능력 배양에 있었다. 이렇게 '미국적 이상'이라는 정치적 신념을 주장하는 데 있어서도 실용적으로 교육의 구체적 방법까지도 제시하였다.

마지막으로 엘리너는 이상주의자로서 인류애를 바탕으로 한 '인권'에 대한 정치적 신념을 강조하였다. 이 정치적 신념은 제2차 세계대전 중에 고통받는 사람들을 위한 그녀의 노력을 통해 보여 주었다. 제2차 세계대전 중 홀로코스트를 목격한 후에 그녀는 유태인 망명에 대해 적극적인 노력을 기울였다. 유럽에서 전체주의가 계속해서 유럽의 난민 문제를 야기시켰을 때 엘리너는 전면에 나서지 않고 우회적으로 난민들의 이민을 옹호하였다. 그 방법의 일환으로 그녀는 유럽의 난민들, 특히 어린이들의 입국허가를 빨리 처리해 주기 위한 '비상구조 위원회(Emergency Rescue Committee, ERC)'를 도와 일을 추진시켜 나갔다. 1939년 엘리너는 2만 명의 독일 난민들, 특히 유태인들의 미국 입국을 허락한 '와그너 로져 법안(Wagner Rogers Bill)'을 만드는 데 결정적인 역할을 했다. 그녀는 백악관 기자단에게 와그너 법이 통과될 것을 희망하고 있고 다른 국가들도 그들 몫의 난민 어린이들을 받아들여야 하며, 미국 정부가 독일의 나치 정권이 끝날 때까지 유태인들을 구하기 위한 노력을 멈추어서는 안 된다고 주장하였다.[11] 또한 엘리너는 미국이 제2차 세계대전 참전 중일 때 정부가 아시아계 이민자들의 인권에 대해서도 보호해 줄 것을 루스벨트에게 강력히 요청하였다. 그녀는 아시아계 이민자들의 탄압받는 현실에 대해서 "당신들의 조상이 일본인, 이탈리아인, 또는 독일인인 것과는 상관없이 만일 당신이 미국에서 태어났다면 당신은 미국인입니다."라고 언급하였다. 그녀는 또한 '미국적 가치'를 수호하고 미국이라는 국가에 대해 자부심을 느낀다면 그들은 모두 똑같은 미국인이라고 주

---

11) Beasley, Eleanor Roosevelt, p.520.

장하였다. 이러한 내용의 글은 미국이 1942년 진주만 폭격을 당한 후 10만 명 이상의 일본인들을 강제 수용했던 조치에 대한 비판으로부터 시작되었다. 루스벨트 대통령은 행정명령 9066을 통해서 일본계 미국인들을 강제 수용시켰고, 미국의 여론은 아시아계 미국인들에 대해 매우 부정적이었다. 미국 정부의 입장은 일본계 미국인들의 존재가 미국의 안전을 위협할 수도 있다는 것이었다. 루스벨트 대통령의 행정명령은 2/3에 해당되는 사람들이 미국 시민권자임에도 불구하고 일본계 미국인들을 강제 이주시켰고 그들은 기본적인 인권조차 보호받지 못하는 결과를 초래하였다. 이러한 시점에 엘리너는 언론을 통해서 미국인들로 하여금 전쟁에 대한 두려움으로부터 벗어나야 한다는 주장과 더불어 대통령의 행정명령에 대한 반대 입장을 밝혔다.[12] 이러한 엘리너의 주장은 당시 민주당의 정책과는 정면으로 대치되는 것이기도 했으며 당시 민주당원들로부터 많은 비난을 받기도 하였다. 하지만 엘리너는 미국인들의 기

---

12) Emblidge, ed., My Day, p.83.

본적 인권보호에 대한 그녀의 소신을 지켜 나갔다.

　엘리너는 경제공황 시기나 제2차 세계대전을 겪으면서 국민들과 함께 어려움을 해결해 나가는 과정에서 미국 정부의 관료체제의 문제점에 대해 매우 실망했을 뿐만 아니라 심지어 분노를 느끼기도 하였다. 그래서 그녀는 미국 사회의 차별적인 구조를 없애기 위한 정치적 전략을 바꾸기로 작정했다. 그것은 장차 문제해결을 위해서 대통령에게 요청하기보다는 국민들과 함께 직접적으로 문제해결을 시도해야겠다는 결심이었다. 그녀가 할 수 있는 일은 저변의 힘을 이용하여 대중적 인식을 확장시켜 가는 것이며, 이것은 곧 실질적 변화에 대한 국민들의 요구로 이어질 것이라는 믿음이었다.[13] 그에 일환으로 그녀는 사회적으로 큰 이슈가 있을 때마다 정치적 신념을 국민들에게 직접적으로 밝히고, 이러한 신념을 행동으로 보여 주었다. 엘리너의 이러한 노력에는 미국사회에서 간접적으로 워싱턴

---

13) Ann Atkins, Roosevelt's Life of Soul Searching and Self Discovery (West Hills: Flash History Press, 2011), p.69.

의 권력지향적인 분위기에서 소외되었던 그룹 즉 여성들의 협력적 분위기가 큰 도움을 주었다.

3.
여성 정치인들을 위한 '감성 네트워크'

"여성은 티백과 같다.
뜨거운 물에 넣기 전까지는
그녀가 얼마나 강한지 모른다."

엘리너에게 백악관에서의 삶은 여러 면에서 새로운 시작을 의미했다. 그녀는 퍼스트레이디에 대한 불필요한 예우와 형식에 대해서는 과감히 사양하였고, 이전의 퍼스트레이디들은 전혀 시도하지 않았던 일들을 시작하였다. 그녀는 스스로 운전을 하고, 대통령을 동반하지 않고 혼자서 해외방문을 하였다. 오늘날의 관점에서 보면 이러한 엘리너의 행동들이 대수롭지 않게 보일 수도 있으나 당시 미국의 정서에서는 퍼스트레이디로서 매우 파격적인 행보였고 당시 언론들은 이러한 그녀의 시도에 큰 관심을 보였다. 대외적으로 엘리너는 여성들을 위해 정치적으로 중요한 감성적 중심축 역할을 하였다. 엘리너는 유능한 여성들이 뉴딜 프로그램에 동참할 수 있도록 격려했을 뿐만 아니라 다양한 기회를 제공해 주었다. 그녀는 또한 경제 대공황기 많은 차별을 받았던 여성들의 고통에 대해 진심으로 경청하였으며 그들의 문제를 해결해 주기 위해 다양한 방법을 동원하였다. 이러한 노력은 그녀가 퍼스트레이디로서 미국 여성들의 지위 변화에 중요한 영향을 미쳤다는 평가를 받는 이유이기도 하였다.

  백악관에 머무는 동안 엘리너는 여성들 간의 네트워킹을 위해 많은 노력을 기울였다. 이것은 단순히 사적인 영역을 뛰어넘는 매우 포괄적 네트워크의 시도로 '감성 네트워크'라 정의 내릴 수 있다. 이는 19세기와 20세기 초반에 걸쳐 미국 여성들 사이에 존재했었던 매우 독특한 형태의 관계 형성으로 미국 여성들의 사회, 정치적 지위변화와도 매우 밀접한 관계가 있었다. 이 네트워크의 특징 중 하나는 그 중심에 여성들 간의 '우정'이 큰 역할을 하였다는 것이다. 대공황 시기 이러한 네트워크는 공적인 영역에서 유능한 그룹의 여성들 사이에 '우정'을 바탕으로 체계적으로 개발되었다. 그들 중에는 '보스턴식 결혼(Bostonian Marriage)'이라는 방법으로 동성 간의 가족의 형태를 이루며 함께 거주하는 여성들도 있었다. 몰리 도슨의 경우는 그녀와 같이 거주하고 있는 여성을 '동반자(partner)'라 불렀는데 당시 사람들은 그들을 유명 인사로 간주하였다. 그들은 함께 거주하면서 훈련의 기회를 공유했으며 상호의존적인 관계를 정치적으로 승화시켜 나갔다.[14] 그들의 관계는 공적인 영역과 사적인 영역의 경계, 또한 정부기관에서 소규모 시민단체에 이르기까지 공사의 경계를 오고 갔으며 이러한 방법으로 20세기 여성들만의 독특한 정치문화를 형성해 나갔다.

엘리너의 '감성 네트워크' 전략으로는 크게 세 가지 방법이 있었다. 첫 번째는 그녀가 다양한 사회 활동을 통해 알게 된 여성 지도자들과의 네트워킹이었다. 두 번째는 백악관 출입 여성 기자들과의 여론 형성을 위한 네트워킹이었다. 마지막 방법으로는 여성 지도자들을 위한 정치적 후원 개념의 네트워킹이었다. 이러한 네트워크 전략은 엘리너 자신뿐만 아니라 미국 여성들의 정치적 영역으로의 입문을 위해서도 지대한 영향을 끼치게 되었다.

엘리너가 소외계층 중에서 특히 여성들에 대한 관심을 가지기 시작한 것은 젊은 시절 사회복지관 운동을

---

14) Blanche W. Cook, Eleanor Roosevelt, Volume II: The Defining Years 1933-1938 (New York: Viking Penguin, 1992), p.60.

하게 되면서부터였다. 학창 시절 엘리너는 사회적으로 소외된 계층을 위해 모금 마련 운동을 하는 주니어 연합(Junior League) 활동을 하였다. 이 모임의 프로젝트 중 하나는 사회복지관(Settlement House)을 돕는 것이었다. 당시 사회복지관은 맨해튼 동부 빈민가에 정착해 있는 이민자들을 위한 교육 기관이었다. 낭시 대학을 졸업한 여성들이 중심이 되어 사회복지관 운동(Settlement House Movement)이 확산되었고, 엘리너도 친구들과 함께 이 운동에 참여하였다. 사회개혁운동을 통해서 형성된 여성 네트워크는 일찍이 아동노동 폐지, 최저임금, 노동운동, 그리고 의료보장과 같은 사회적 이슈를 주장해 왔고, 이 네트워크는 이후 뉴딜의 사회보장법의 기초를 다지는 데 중요한 역할을 하였다. 엘리너에게는 이러한 개혁운동을 통해 쌓아온 정치적 감각이 나중에 그녀의 정치철학을 형성하는 데 큰 힘이 되었다. 엘리너는 정치적 분야에 있어서 거래를 성사시키는 정치적 게임의 성격을 잘 파악하고 있었다. 그녀는 또한 이러한 정치가 도움을 절실히 필요로 하는 사람들을 위해 행해져야 한다고 믿었다. 엘리너는 연방정부가 긴급한 사회적 이슈들에 대해 근본적인 책임이 있다는 생각을 가지고 있었다. 이러한 것이 그녀가 활동했었던 여성 무역 연맹(The Women's Trade Union League, WTUL)과 전국 소비자 연맹(National Consumers League, NCL)의 원칙이기도 했다. 특히, '전국 소비자 연맹'은 20세기 초 가장 영향력 있었던 단체로 1906년까지 20개 주에 63개의 조직이 있었고, 또한 1913년까지 3만 명의 회원이 있었다. 1933년 국가 회복법(National Recovery Act, NRA)이 소개되었을 때 전국 소비자 연맹의 깨끗한 소비운동을 위한 '하얀 레벨(White Label) 캠페인'은 정부 정책이 되기도 하였다. 엘리너가 백악관에 머무는 동안 여성 무역 연맹과 전국 소비자 연맹은 엘리너를 도와 여성들을 위한 뉴딜 정책을 구상하는 데 중요한 역할을 담당하였다.[15]

---

15) Ibid. p.65.

 두 번째 네트워킹 방법으로는 백악관 출입 여성 기자단과의 만남이었다. 1933년 3월 6일 엘리너는 퍼스트레이디로서 최초의 정기적 백악관 기자회견을 열었다. 이는 루스벨트 대통령이 주재하는 기자회견에 남성 기자단만이 출입하는 전통을 겨냥한 것이었다. 이 기자회견에는 캠페인 기간 중 그녀를 취재했던 40여 명의 여성 기자들만 출입이 허용되었다. 매주 월요일 아침 엘리너는 '뉴 걸즈(New Girls)'라 불리는 여성 기자들과의 만남을 가졌다. 이들은 대부분 엘리너를 위한 백악관의 기자회견을 위해 고용된 여성들이었다. 그들은 엘리너에 대한 언론과 대중들의 비판으로부터 그녀

를 보호하는 기자들이나 언론인들로 구성되어 있었다. 첫 번째 기자회견은 백악관 1층에 위치한 '레드 룸(Red Room)'에서 개최되었다. 이러한 기자회견은 여성 리포터들을 위한 확실한 일거리를 보장해 주었다. 당시 많은 신문들이 엘리너와 관련된 기사를 쓰기를 원했기 때문에 그녀의 기자회견은 항상 많은 언론의 관심을 불러일으켰다. 그녀는 기자 회견장에 중요한 정치인들을 데려와 사회적으로 긴급한 이슈에 대해 연설을 하도록 했으며 때로는 유명한 작가들이나 예술가들을 초대해서 강연을 개최하기도 하였다. 엘리너는 뉴스를 직접 관리하였으며, 그녀의 기자회견은 매우 신중하게 준비되었다. 기자회견 장에는 루이 호외(Louis Howe), 스테판 얼리(Stephen Early)와 힉스 로레나(Hick Lorena)가 항상 참여하였고, 그들은 엘리너에게 조언을 해 주었다. 루스벨트의 보좌진들은 이러한 엘리너의 기자회견이 혹시라도 루스벨트의 정치에 장애가 될까 염려하기도 하였다. 하지만 그녀의 보좌진들은 언론을 잘 다룰 줄 아는 인물들이었고, 엘리너는 기자회견에 대해 확신과 자신감으로 대응해 나갔다. 물론 기자회견이 처음부터 정치적 성격을 띤 것은 아니었다. 기자회견에서는 초기에 많은 제한이 가해졌으며 특히 정치적으로 예민한 질문에 대해서는 언급을 회피하였다. 하지만 엘리너의 기자회견의 성격은 차차 사회적으로 중요한 이슈들을 다루기 시작하였다. 백악관 여기자단들은 최대한 엘리너에게 협조적인 기사를 쓰도록 노력하였다. 엘리너는 백악관에서 기자회견을 개최하는 이유에 대해 이는 백악관과 일반 대중들 사이의 소통과 이해를 위한 기회를 갖기 위함이고, 퍼스트레이디로서의 의무를 다 하기 위해서라고 언급하였다. 엘리너는 논쟁의 소지가 될 만한 정치적 이슈에 대한 언급은 가급적 피했으나 처음 100일간 사회적으로 중요한 이슈였던 아동노동, 농촌의 빈곤한 교사들을 위한 임금 인상, 여성들을 위한 동등한 임금과 같은 주제에 대해 적극적 입장을 취하였다.[16]

백악관 기자단은 엘리너를 많은 방면으로 도왔다. 여

---

16) Eleanor Roosevelt, Tomorrow is Now (New York: Penguin Books, 2012), p.25.

성 기자들은 정치, 경제, 그리고 사회적 이슈와 관련된 많은 정보를 엘리너에게 알려 주었고, 그녀는 이를 매우 유용하게 사용하였다. 1939년 기자 회견장에서 기자들은 엘리너에게 식당 여종업원들의 파업에 관한 중요한 정보를 제공해 주었다. 그날은 마침 루스벨트의 생일을 맞아 소아마비 환자들을 위한 기금마련 행사가 버지니아주 알렉산드리아(Alexandria)에서 개최되기로 한 날이었다. 당일 엘리너는 아침 기자 회견장에서 기자단으로부터 식당 여종업원들이 일당을 50센트와 팁을 요구하는 파업이 진행되고 있다는 사실을 알게 되었다. 소식을 접한 엘리너는 바로 파업 현장을 방문하였고 "나는 피켓라인을 넘지 않을 것입니다. 최저임금 기준에 팁은 제외되어야 합니다."라고 하며 그들을 설득했다.[17] 엘리너의 노력으로 파업은 종료되었고, 그들의 임금 갈등 문제는 타협안을 찾게 되었다. 이렇게 엘리너와 기자단과의 네트워크는 국민들과 소통을 위해 중요한 역할을 하였다.

---

17) Beasley, Eleanor Roosevelt, p.166.

세 번째 네트워킹 전략은 유능한 여성들에 대한 정치적 후원의 방법이었다. 엘리너는 백악관에 있는 동안 유능한 여성들을 후원하였고, 그들을 정계에 진출시키는 데 큰 기여를 하였다. 루스벨트가 대통령에 선출되자마자 엘리너와 당시 민주당 여성분과 위원장이었던 메리 도슨(Mary Dewson)은 함께 연방정부 요직에 발탁할 유능한 여성들의 명단을 작성하였다. 대통령 취임식에 참여하면서 도슨은 대부분 민주당원으로 구성된 60명의 명단을 엘리너에게 전달하였다. 이러한 명단에 근거해 엘리너는 정책에 대한 그녀의 의견과 인사에 대한 추천 내용이 담긴 소위 '엘리너 바구니(Eleanor Basket)'로 알려진 정규보고서를 대통령께 제출하였다. 엘리너는 연방 일자리에 여성들의 임명을 적극 추천하였고, 유능한 여성들이 뉴딜 프로그램에 동참할 수 있도록 기회를 제공해 주는 데 큰 역할을 하였다. 결과적으로 1935년까지 50여 명 이상의 여성들이 고위층에 임명되었고, 백여 명 이상이 주단위나 지방단위 정부산하 기관의 고위직에 임명되었다.[18] 엘리너를 통해서 많은 여성 지도자들이 루스벨트 대통령과 대면할 기회를 가졌고, 그녀는 노동과 사회복지정책에 있어서도 큰 역할을 수행하였다. 이들 중에는 민주당 내 여성국장을 지냈던 메리 도슨, 루스벨트 행정부에서 노동부 장관으로 중요한 역할을 담당했던 프란시스 퍼킨스(Frances Perkins), 뉴딜 프로그램에서 여성 고용 프로그램의 책임자였던 엘렌 우드워드(Ellen Woodward) 등이 있었고, 그 밖에 다른 많은 여성들도 민주당이나 '여성 및 아동 보호국(Women's and Children's Bureau of the Labor Department, WCBLD)' 등에서 활발한 활약을 하였다. 특히 프란시스 퍼킨스는 노동부 장관이 된 후 노동부에 여성 정치인들은 기용하는 데 중요한 역할을 하였다. 또한 경제공황 기간 중 재무부 부장관에 조세핀 로체(Josephine Roche)가 고용되기도 하였다. 이에 대해서 여성국의 메리 앤더슨(Mary Anderson)은 영부인은 항상 여성들이 어떤 문제에 직면해 있는지 잘

---

18) Ibid. pp.148-49.

알고 있고 도움이 필요할 때 그녀에게 요청을 하면 언제든지 도움을 받을 수 있다고 언급하면서 심지어 대통령으로 하여금 관심을 갖고 문제를 해결할 수 있도록 도와줄 것이라고 말하였다.[19]

엘리너가 여성 정치인들을 후원하게 된 배경에는 두 가지 이유가 있었다. 첫째, 그녀는 진보적인 민주당 배경의 여성 정치인들이 정부 요직에 올라 당시 뉴딜의 한계점이기도 했던 여성들을 위한 뉴딜 정책을 마련해 주기를 원했으며, 둘째, 전통적으로 오랜 세월 열심히

---

19) Mary Anderson, Woman at Work (Minneapolis: University of Minnesota Press, 1951), p.178.

일해 온 여성들이 정치적 보상을 받기를 원했기 때문이다. 엘리너는 권력을 지닌 여성들만이 힘없는 여성들의 절실한 문제를 해결해 줄 수 있다는 믿음을 가지고 있었다. 이러한 엘리너의 신념은 당시 미국에서 여성의 정치적 입지가 매우 약했던 상황을 개선해 보고자 했던 노력을 반영한 것이기도 하였다.

엘리너는 백악관 저녁 만찬에 여성들을 초대해서 그들만의 시간을 갖는 새로운 전통을 마련하였다. 이것은 소위 '그리디온 위도우 파티(Gridion Widow's Party)'라고 불리는 것으로 정부 요직에 있는 여성들을 위한 티와 가든파티였다. 백악관에서는 전통에 따라 매년 대통령이 언론인들을 그리디온(Gridion) 저녁에 초대하는 관습이 있었다. 이 모임에 여성들은 참석이 불가능하였다. 이에 반발한 엘리너는 같은 날 밤에 언론인 여성들뿐만 아니라 각료들의 부인들까지 초대해서 저녁 만찬을 베푸는 전통을 만들었다. 엘리너는 이렇게 백악관에 머무는 동안 여성들의 네트워킹을

위해 매우 바쁜 일정을 소화해 냈다.[20]

이러한 엘리너의 '감성 네트워크'는 경제공황 시기 뉴딜 정책으로부터 차별받는 여성들을 위해 중요한 역할을 하였다. 사실 당시 뉴딜 정책은 백인 남성들 위주로 진행되고 있는 한계점을 지니고 있었다. 엘리너는 대통령과 그 밖의 민주당 의원들보다도 더 진보적인 성향을 지닌 정치인이었다. 그녀는 여성 차별을 내용으로 하는 뉴딜 정책에 대한 반대 의사를 표명하면서 뉴딜 정책이 근본적으로 새로운 변화를 모색하지 않는다면 진정한 의미의 뉴딜이 될 수 없다고 주장하였다.[21] 이러한 그녀의 주장은 여러 방법으로 구체화되었다. 일단 그녀는 "나의 하루"를 통해서 완곡한 어법으로 이러한 입장을 밝히곤 하였다. "나의 하루"는 엘리너가 경제공황에 시달리는 국민들과 소통하는 중요한 통로 역할을 하였다. 또한 엘리너는 여성들을 위한

---

20) Eleanor Roosevelt, The Autobiography of Eleanor Roosevelt (New York: Da Capo Press, 1992), pp.168-69.
21) Cook, Eleanor Roosevelt Volume II, p.65.

뉴딜 정책을 계획하는 동안 여성 구호청(Women Relief Operation, WRO) 정책국장이었던 엘렌 우드워드(Ellen S. Woodward)와 실직 여성들을 돕기 위한 프로그램을 구상하였다. 그 밖에 엘리너는 뉴딜 프로그램을 통한 여성 고용을 위해 로비 활동을 하였고, 최소 4천 명 이상의 여성들이 우편 관련 직업을 갖도록 도와주었다.[22]

엘리너가 여성 차별적인 뉴딜 정책을 비판하는 것에 대해 백악관의 여기자단은 지지 의사를 밝히기도 하였다. 하지만 이러한 엘리너의 입장은 루스벨트 대통령은 물론 그 밖의 민주당원들과 마찰을 야기하는 원인이 되기도 하였다. 그중에서 가장 큰 주목을 받았던 경우는 여성들의 공무원직과 관련된 것이었다. 엘리너는 1933년 하원에서 대다수의 민주당원들의 반대에도 불구하고 통과되었던 '경제법(Economy Act)'을 강력히 반대하였다. 일단 그녀는 "나의 하루"를 통해 이 법안의 문제점에 대해 지적하면서 이는 "공무원

---

22) Beasley, Eleanor Roosevelt, p.77.

가족들을 더욱 고통스럽게 할 것"이라고 주장하였다.[23] 경제법은 정부산하 많은 기관들에 대한 구조조정을 골자로 하고 있었으며, 공무원들의 임금 삭감뿐만 아니라 연방 공무원 남편을 둔 기혼 여성들에 대한 해고를 그 내용을 하고 있었다. 경제법에 대한 루스벨트와 엘리너의 의견은 매우 날카롭게 대립하였다. 루스벨트는 예산 삭감을 통해 경제를 살리자는 입장인 데 반해서 엘리너는 국민들의 복지를 위한 지출 비용을 늘리자고 주장하였다. 그들의 상반된 입장은 공개적으로 여성 민주당 뉴스(Women's Democratic News) 칼럼을 통해서 국민들에게 전달되었다. 엘리너의 공개적인 반박에 대해 루스벨트도 신문 사설을 통해서 경제법에 대한 국민들의 지지를 호소하였다. 루스벨트의 주장에 따르면 경제법은 정부 예산의 25퍼센트를 절약할 수 있으며 납세자들의 세금을 낮추어 준다는 것이었다.[24] 하지만 엘리너는 이에 대해 정부의 예산 삭감

---

23) Emblidge, ed., My Day, p.17.
24) Cook, Eleanor Roosevelt Volume II, p.71.

은 국민들에게 절대적으로 필요한 교육이나 공공 서비스의 예산 삭감을 의미하는 것이라고 반박하였다. 경제적으로 어려울 때일수록 정부는 국민들의 최소한의 공공 서비스를 위해 지출해야 하며 부유층이나 수익률 높은 사업자들로부터 세금을 거두어들어야 한다는 주장으로 맞섰다. 결국 이러한 차별적인 경제법은 1937년 폐지되었고, 엘리너는 이러한 결과를 반기면서 언론에 "그동안 기혼 여성 공무원들의 가족에게 엄청난 고통을 안겨 주었는데 의회에서 이 법안의 폐지를 결정한 것은 매우 잘된 일이다."라고 언급하였다.[25] 미국 여성들을 위한 엘리너의 이러한 다양한 노력들은 다른 소외된 그룹에게도 마찬가지로 시도되었다. 퍼스트레이디로서 그녀의 리더십은 미국 사회에서의 평등한 기회 제공이 더욱 강조된 것이었으며, 이 모든 신념은 소외된 사람들을 위한 동행의 의미를 가지고 있었다.

---

25) Emblidge, ed., My Day, pp.18-19.

4.
흑인과 빈민층을 위한 '감성 리더십'

"당신이 어느 한쪽만을 선택해야 하는
어려움에 봉착했다면 마음의 소리에 귀를 기울여야 한다.
왜냐하면 당신이 어느 쪽을 선택하더라도
비난을 피할 수 없기 때문이다."

1930년대 미국 사회는 여전히 심각한 차별이 존재하였고, 특히 흑인이나 빈민층은 가장 고통받는 그룹이었다. 그들은 경제공황 기간 중 뉴딜 정책에서도 차별을 받았고 공정한 기회를 제공받지 못했다. 이러한 상황에서 엘리너는 무엇보다도 흑인이나 빈민층과 같은 소외된 그룹의 절실한 요구에 대해 관심을 기울였다. 이들을 위한 그녀의 접근 방법은 직접적인 소통과 공감을 바탕으로 한 '감성 리더십'을 의미했다. 백악관 입성 후 루스벨트 부부는 전례 없이 많은 편지를 받았고, 그것도 이전의 정부와는 다르게 대다수의 소외계층들로부터 도움을 청하는 편지들이었다. 여기에는 지극히 개인적인 문제에서부터 사회적인 문제에 이르기까지 모든 영역이 포함되었다. 편지를 보낸 대부분의 사람들은 농부, 소작농, 실업자, 중산층, 빈곤층 노동자와 그들의 자녀들이었다. 엘리너는 백악관 생활 첫해 동안 30만 통이 넘는 메일을 받았다. 그뿐만 아니라, 그녀는 여러 통로를 통해서 국민들과 직접 소통하였다. 한 행사에서 그녀는 한 시간 반 동안 삼천 명 이

상과 악수를 할 때도 있었다.[26]

 루스벨트와 엘리너는 모두 국민과의 소통을 위해 노력하였지만 방법 면에서 다른 면모를 보여 주었다. 루스벨트는 '노변정담'이라는 라디오 프로그램을 통해서 국민들과 대화를 시도한 데 반해서, 엘리너는 다양한 저술과 연설들을 통해서 국민들과 직접적인 소통을 시도하였다. 그녀는 신문이나 잡지에 550개가 넘는 기사를 썼을 뿐만 아니라 1년에 50회 이상의 연설을 하였다. 그리고 무엇보다도 그녀는 미국인에게 가장 인기가 있었던 신문 칼럼 "나의 하루"를 26년 간 기고하였는데, 이 칼럼은 엘리너가 특히 소외된 국민과 소통하는 가장 중요한 통로가 되었다.[27] 그녀는 또한 미국 전역을 다니며 느낀 점들을 바탕으로 사회적, 정치적 해결 과제들에 대해 대통령에게 보고하였고, 이를 또한 국민에게 알렸다. 그녀는 이렇게 국민들과 직접적인 소통의

---

26) Joseph P. Lash, Eleanor and Franklin (New York: Norton & Company, 2014), p.372.
27) Allida Black, Courage in a Dangerous World: The Political Writings of Eleanor Roosevelt (New York: Columbia University Press, 1999), p.2.

통로를 통해 문제의 해결점을 모색하였다.

엘리너는 미국 역사상 퍼스트레이디가 백악관을 국민과의 소통을 위한 장소로 적극 활용한 중요한 사례가 되었고 그녀 이후 많은 퍼스트레이디들, 특히 재클린 케네디와 미셸 오바마 등이 그녀의 이러한 시도를 본보기로 삼기도 하였다. 엘리너가 백악관에 머물러 있었던 13년 동안 많은 소외계층이 이곳을 방문하였고, 그녀는 이들을 따뜻하게 맞이하였다.[28] 백악관의 공식 리셉션에는 광산과 농촌의 젊은이들, 감화원의 흑인 소녀, 각종 노동단체의 대표들이 초대되었다. 엘리너는 이러한 일이 바로 국민들과 제대로 된 소통의 방법이라고 생각하였다. 1936년에는 소비자 연맹 단원들이 백악관을 방문했는데 이것은 노동자 계층의 여성들이 백악관에 머물렀던 첫 번째 사례가 되었다. 그녀는 방을 배정함에 있어서도 매우 세심하게 배려하여 그들이 백악관에서의 경험이 최고의 추억거리가 되도

---

28) Cook, Eleanor Roosevelt Volume II, p.32.

록 하였다.[29] 이러한 모든 시도들은 감성적 접근을 통해서 국가적 위기 속에 국민들의 불안한 심리를 신뢰로 바꾸어 놓는 데 좋은 방법이 되었다.

엘리너는 무엇보다도 미국 내 인종 차별 문제에 대해 많은 관심을 보였다. 한 인터뷰에서 그녀는 "미국인들은 미국 사회의 문제점들은 옷상 속에 꼭꼭 숨겨 두려 하고 있습니다. 그들이 편견에 대한 문제를 피하려 할 때 인종적 분노는 더욱 강해집니다."라고 지적하면서 인종적 편견을 멈추어야 한다고 주장하였다.[30] 엘리너는 인종차별 문제의 심각성을 인지하고 백인과 흑인의 평화로운 조화를 강조하였다. 1936년 전국도시연맹 연설에서 그녀는 미국 내 흑인들에게 좀 더 나은 교육의 기회를 제공해 주어야 하고 흑인들을 위한 생활환경 개선, 특히 아동들의 건강을 위한 정부의 프로그램이 필요하다고 주장하였다. 그러나 그녀가 무엇보다

---

29) Ann Atkins, Eleanor Roosevelt's Life of Soul Searching and Self Discovery (West Hills: Flash History Press, 2011), p.56.
30) Eleanor, Tomorrow is Now, p.31.

도 심각하게 생각했던 것은 흑인들의 인권문제였고, 흑인에 대한 폭력을 멈추는 일이었다. 1930년대의 미국 풍경은 여전히 흑인들에 대한 백인들의 테러와 린칭이 자행되고 있었다. 1933년 한 해에만 28명의 흑인 린칭 사건이 있었다. 통계에 의하면 미국에서는 1880년대부터 1950년대 이르기까지 5천 명 이상의 흑인이 살해되었으나 단 한 건도 기소되지 않았다.[31] 이러한 사실들은 미국 사회에서 흑인들이 여전히 차별받고 있음을 의미했다. 1933년 엘리너는 프랭클린에게 흑인들이 법 앞에서의 평등을 보장받아야 한다고 강조하였고 '린칭 금지법(anti-Lynching Law)'을 제정할 것을 촉구하였다. 하지만 루스벨트는 그의 정치적 입장을 고려해 지속적으로 반대해 왔다. 그럼에도 불구하고, 엘리너는 법적으로 흑인들을 보호할 법적 장치가 필요하다는 사실을 깨닫고 법 제정을 위해 노력하였다. 1909년 '전국 유색인 지위 향상 협회(National Association for the Advancement of Colored People, NAACP)'는 미국

---

31) Atkins, Eleanor Roosevelt's Life of Soul Searching and Self Discovery, p.66.

사회에서 인종차별을 없애고 법 앞에서의 평등을 실현하기 위해 설립되었다. 그 당시 이 단체의 수장이었던 월터 화이트(Walter White)는 엘리너에게 린칭 반대 항의 집회에서 연설해 줄 것을 요청했으나 그녀는 루스벨트의 반대에 봉착하여 그 요청을 받아들일 수가 없었다. 정치적으로 엘리너는 인종차별에 대한 미국 정부의 입장에 반대하였으나 대통령의 정치적 입장 때문에 자유롭게 의사결정을 할 수가 없었다.[32] 엘리너가 인종문제에 대해 솔직해질수록 공화당으로부터의 비난은 더욱 거세졌고, 루스벨트의 정치 보좌진은 엘리너의 이러한 행보가 대통령에게 불리하게 작용할 것이라는 사실에 우려를 표명하였다. 이러한 상황이 지속되자 엘리너는 정치적 전략을 바꾸게 되었다. 그녀는 루스벨트를 통해 문제 해결을 시도하는 대신 국민들과 직접 소통하면서 인종차별의 심각성을 국민들에게 알리기로 결정하였다. 그녀는 전략적으로 신문 칼럼인 "나의 하루"를 적극 활용하여 여론을 형성해 나갔다.

---

32) Ibid. pp.65-69.

경제공황은 그동안 생계를 어렵게 꾸려 가던 흑인 여성 노동자들에게 더욱 가혹한 시련을 가져다주었다. 많은 흑인 여성 노동자들은 생계를 유지해야 하는 상황에서 오히려 실직을 당했다. 그들 대부분은 가내 하인이나 그 밖의 육체노동에 종사하는 여성들이었다. 1930년에서 1940년 사이 가내 하인은 25퍼센트 정도 증가하였는데 대부분이 흑인 여성들이었다.[33] 이러한 상황에서 그들은 연방정부에서 제공하는 실직 프로그램으로부터 아무런 혜택을 받지 못했다. 경제공황 기간 중 흑인 여성 노동자들로 구성된 노동연맹을 통해서 가내 하인들도 뉴딜 정책의 일환인 '국가 회복법'에 의해 노동시간, 임금, 노동조건을 보장해 줄 것을 강력히 요구하였다. 그들은 뉴딜 정책에 있어서 인종적 차별을 없애야 한다는 입장을 강력히 지지했던 엘리너에게 도움을 요청하였다.

---

33) Janet M. Hooks, "Women's Occupations through Seven Decades," Women's Bureau Bulletin, 218(Washington D.C.: U.S. Government Printing Office, 1947), pp.142-44.

'감성 리더십'의 큰 특징 중 하나는 리더가 국민들과의 소통을 위해 언론을 통한 공감을 불러오는 것이다. 그리고 국민들의 공감을 불러일으키는 데 가장 효과적인 방법은 개인의 에피소드를 소개하는 것이다. 엘리너는 라디오 프로그램, 신문 칼럼 "나의 하루"를 통해서 다양한 에피소드를 알렸으며 국민들은 이를 충분히 공감하였다. 그녀의 노력은 빈곤한 노동자 계층을 향한 다양한 활동을 통해서도 국민에게 전달되었고 그들은 구체적인 요구가 적힌 편지를 보내왔다. 여기에 구체적인 두 경우가 있었다. 이들은 모두 가내 하인으로 각각 남부 텍사스와 서부 샌디에이고에 거주하고 있었으며 편지를 통해서 엘리너에게 도움을 요청한 경우였다. 첫 번째 경우는 1937년 1월 텍사스주에 거주하고 있었던 허프(L.G. Huff)라는 흑인 여성으로부터 온 편지로 그녀는 하루 18시간 고된 노동에 시달리고 있고 임금은 터무니없이 낮으며 하루에 고작 5시간 수면을 취한다고 한탄하는 내용이었다. 그녀의 편지는 계속되었는데 흑인 여성노동자들은 '국가 회복법'의 혜택을 전혀 받지 못한다고 언급하면서 "영부인께서 우리의 끝이 보이지 않는 고통을 멈추어 주시기를 간절히 원하기에 이렇게 편지를 보냅니다."라고 글을 마무리하였다.[34] 이 흑인 여성 노동자는 엘리너에게 이 편지의 내용을 남부 신문(Southern Newspaper)에 실어 남부의 많은 고용주들에게 이러한 문제점들이 있다는 사실을 알려 달라고 요청하였다.

두 번째는 1933년 11월 24일 서부의 샌디에이고에 거주하는 가내 하인에게 온 편지로 그녀는 영부인의 도움으로 샌디에이고 가내 하인들과 힘을 모아 미국 노동 총동맹(American Federation of Labor, AFL) 산하 가내 노동자 연맹(Domestic Employee Union, DEU)을 결성하였지만 고용주들이 전혀 협조적이지 않다는 내용이었다.[35] 이 여성이 편지를 보낼 당시 엘리너는 미국 여성들에 대한 재고용의 계획

---

34) Linda Gordon, ed., American's Working Women: A Documentary History 1600 to the Present (New York: Grove Press, 2003), p.227.
35) Ibid. p.228.

을 발표한 상태였다. 엘리너의 계획을 인지한 이 여성은 서부의 가내 하인들에게도 재교육 기회를 제공해 줄 것을 요구했고, 엘리너에게 편지 내용을 언론에 알려 줄 것을 간절히 요청했다.

엘리너는 빈곤층 청소년들의 실업문제에도 많은 관심을 가졌다. 물론 경제위기가 청소년에게만 고통을 유발한 것은 아니지만 그들에게 닥쳐온 충격은 매우 심각했다. 청소년들은 다른 연령층에 비해 직업적인 경험뿐만 아니라 일자리가 부족했기 때문에 청소년 실업률은 전국 평균 실업률에 비해 훨씬 높았다. 그러나 청소년들은 정부의 예산 부족 때문에 도움을 받지 못했고 다른 방법을 찾지 못했던 많은 청소년들은 엘리너에게 도움을 청하는 많은 편지를 보내왔다. 그들은 단지 도움을 청하는 것이 아닌 친한 친구나 가족처럼, 오히려 부모님께 말하지 못하는 것을 엘리너에게 토로하듯 편지를 써 보내기도 하였다. 이렇게 청소년들이 그녀에게 직접 도움을 요청하기까지는 엘리너가 전국을 순회하면서 그들의 어려움에 귀를 기울이는 과정에서 공감을 보였기에 가능한 것이었다. 공황기 후반부에 정치적으로 많은 논쟁이 되기도 했지만 엘리너는 청소년들에게 재정적으로도 많은 도움을 주도록 루스벨트를 설득하였고, 사회단체의 도움을 요청하였다. 그 결과 미국 프렌즈 봉사회가 나서게 되었고 이 조직을 통해 빈곤층 아이들이 다니는 학교에 기부금과 장학금이 제공되었다.

엘리너의 '감성 리더십'이 긍정적으로 평가받는 이유는 그녀가 어느 정도 정부의 복지정책 실현에 중요한 역할을 했기 때문이다. 그녀는 '사회 보장법' 제정의 필요성에 대해서도 많은 언론을 통해서 국민들에게 알렸다. 그녀의 신념은 정부가 직접 나서서 빈곤층 가정을 위한 재정적 지원을 해야 한다는 것이었다. 엘리너는 사회보장에 필요한 정부의 원조를 요청함에 있어 언론의 부정적인 보도를 접할 때면 강하게 반박하곤 했다.[36] 또한 그녀는 정부에 구체적인 복지 프로그램을 직접 제안해 실천할 수 있는 방법을 모색하였다. 그중

---

36) Blanche W. Cook, Eleanor Roosevelt, Vol. I: 1884-1933(New York: Viking Penguin, 1992), p.249.

하나가 바로 빈곤층을 위한 주택계획이었다.

경제공황 중 엘리너가 빈곤층에 특별히 관심을 가졌던 것은 뉴딜의 주택계획으로서 웨스트버지니아주에 위치한 아더데일(Arthudale)에 타운을 조성하는 일이었다. 이것은 뉴딜의 주택계획 중 첫 번째 시도로서 빈곤한 노동자 계층들로 하여금 새로 건설된 시골 마을로 이주시켜 자급자족의 경제생활을 할 수 있도록 하는 것이었다. 엘리너는 이러한 아이디어에 대해 매우 적극적이었고, 대통령으로 하여금 관심을 갖도록 설득하였다. 결국, 이 프로젝트는 연방차원에서 추진하게 되었다.[37] 엘리너는 매달 아더데일을 방문하여 주택건설에 대한 계획을 검토하였을 뿐만 아니라 그곳 사람들의 어려움에 대해 경청하였고, 이에 따른 정부 차원의 해결책을 찾아 주기 위해 노력하였다.

경제공황 시기를 통해서 엘리너는 빈민과 소외계층에 대한 사회적 책임이라는 새로운 관념의 토대를 마련하였고, 그녀의 네트워크 형성은 미국 정부가 복지

---

37) Atkins, Eleanor Roosevelt's Life of Soul Searching and Self Discovery, p.62.

국가의 개념을 태동시키는 데 중요한 역할을 하였다. 이러한 과정에서 비판의 목소리가 없었던 것은 아니다. 이러한 비판은 뉴딜을 거부하는 보수주의자들로부터 비롯되었다. 그들은 심지어 엘리너를 공산주의자라고 비판하였다. 그녀는 이러한 질책에 대해 "가난과 고통은 모든 곳에 존재하고 그들에게 도움은 절실"하다고 반응하는 것으로 대응하곤 하였다.[38]

---

38) Eleanor Roosevelt, You Learn by Living: Eleven Keys for a More Fulfilling Life(New York: Harper and Row, 2011), p.107.

5.
희망의 아이콘이 된 퍼스트레이디: 새로운 리더십의 의미

"결국 인생의 목적은 최대한 경험하고
보다 새롭고 다양한 일에 두려움 없이
열정적으로 도전하며 살아가는 것이다."

미국 역사에 있어서 프랭클린 루스벨트는 개인이 아닌 행정부 수반으로서의 대통령을 의미하는 하나의 전환점이 되었다. 엘리너 또한 미국 퍼스트레이디의 역사에 있어서 하나의 기점이 되었다. 미국 역사에 있어서 엘리너 이전의 퍼스트레이디들은 백악관의 안주인으로서 공적인 영역에서 매우 제한적인 활동만을 해왔으나 엘리너의 등장은 이러한 전통적인 역할에 큰 변화를 가져다주었다. 그녀는 미국 퍼스트레이디 역사상 공적 영역의 활동으로 인해 정부의 정책 변화뿐만 아니라 국민의 복지를 향상시키는 데 크게 기여하였다. 무엇보다도 그녀의 퍼스트레이디로서의 면모는 끊임없이 진화하였다. 엘리너의 변화는 두 가지 차원에서 설명할 수 있는데 첫 번째는 엘리너 개인적으로 큰 변신을 도모했다는 점과, 두 번째는 정치적 신념을 바탕으로 국가적 차원에서 정치적 역할을 확장해 갔다는 점이다. 우선 엘리너는 전통적인 아내의 모습에서 독립적인 정치적 인물로 변해 갔다. 국가적 차원에서는 엘리너가 미국이 경제공황과 제2차 세계대전을 치루는 동안 정치적 역할을 확장해 갔다는 점이다. 무엇보다도 그녀는 루스벨트가 구축한 정치 경력과는 무관하게 스스로 다양한 정치활동을 전개해 나갔다. 그 과정에서 그녀는 미국 역사상 퍼스트레이디의 역할을 재정립하였다. 초기에 그녀는 양면적이고 모호한 역할의 퍼스트레이디였고, 그 후 차차 대통령에게 조언을 하는 최측근으로 역할 수행을 위해 노력하였다. 그 과정에서 정치적 영향력으로부터 절대 자유로울 수 없었고, 그로 인해 자신의 정치적 신념인 소외된 사람들을 위한 정책을 실현시킬 수 없음을 깨닫게 되었다. 그 결과 엘리너가 선택한 방법은 국민들과 직접적인 소통을 하는 것이었다. 이렇게 그녀는 국민들의 당면 문제를 해결하기 위해서 대중적 인식을 확장해 가는 방법을 선택하였다.

경제 공황기 루스벨트 정부의 뉴딜 정책은 여성들에게 유익한 프로그램을 충분히 제공하지 못했다. 실행 초기 많은 여성들은 여기에 대해 불만을 토로했지만 정치적 영향력을 갖지 못한 상태에서 불평은 별 효력을 발휘하지 못했다. 엘리너는 다양한 접근 방법을 통해서 이러한 상황을 변화시켰다. 우선 그녀는 루스벨트 행정부의 이러한 뉴딜 정책에 대해 비판의 글을 썼으며 라디오 방송, 신문 칼럼, 책, 연설 등을 통해서 여론을 형성해 나갔다. 미국인들은 엘리너가 경제공황을 극복하기 위해 적극적으로 활동하는 것에 대해 큰 신뢰를 보였다. 대통령과 더불어 그녀는 여성 정치인들의 중심축 역할을 통해 여성들 간의 정치적 네트워크를 형성하였고, 이는 여성들의 정치 참여에 큰 변화를 불러왔다. 엘리너는 또한 미국 내 불평등 문제를 해결하기 위한 노력을 하였다. 그녀는 차별로 고통받는 흑인들의 인권문제와 빈곤층을 위한 경제 대책에도 고심하였다. 엘리너는 이러한 문제들을 해결하기 위해 대통령의 권력에 의존하지 않고 그녀만의 다양한 노력을 통해서 저변을 확대해 나가는 신중한 방법을 선택하였다. 엘리너는 미국의 가장 큰 위기의 순간에 퍼스트레이디가 되어 전통적인 역할을 넘어선 그녀만의 '감성 리더십'을 통해 루스벨트 행정부가 위기를 극복하는 데 큰 도움을 주었다. 이러한 역할 수행을 통해서 볼 때 엘리너는 20세기 미국 여성들의 정치적 지위 변화를 몸소 보여 준 퍼스트레이디였다. 그녀는 많은 여성들을 정계에 입문시키고 여성들의 권익을 위해 정치, 사회적 중심축 역할을 하였다. 엘리너 루스벨트 이후 미국의 퍼스트레이디들은 정치, 사회적 영역에서 큰 제약 없이 활동해 오고 있고 또한 그녀의 어록은 오늘날에도 널리 회자되면서 많은 공감을 불러일으키고 있다.

1) 소통과 희망의 리더십

엘리너 루스벨트는 여전히 미국인들이 가장 존경하는 퍼스트레이디이다. 엘리너가 퍼스트레이디로 성공한 비결은 자존심이나 공명심에는 전혀 구애받지 않았기 때문이었다. 그녀는 특히 소외된 국민들을 먼저 배려하고 낮은 자세로 임하는 자세는 진실한 신념에서부터 우러나온 것이었다. 그녀는 세계적인 사회운동가, 평화 운동가이며 미국의 양심이라고 불리기도 하였다. 최초의 여성 유엔인권 위원장까지 역임하며 엘리너가 이렇게 인권을 위해 일하게 된 계기는 성장 과정에 있었다. 불우한 어린 시절에 시작된 빈곤의 경험을 통해 사회적 약자에 대한 배려 의식이 싹트게 되었다. 이러한 배려의 마음을 바탕으로 한 리더십은 바로 행복의 리더십으로 이어졌다. 국가적 위기인 경제공황 기간 중 높은 실업률과 빈곤은 미국 국민을 불행의 늪에 빠지게 했으며 이러한 위기는 쉽게 해결될 기미를 보이지 않았다. 이러한 상황 아래 엘리너는 미소 대회 등을 통해 국민들로 하여금 웃음을 다시 회복할 수 있기를 시도하는 등의 노력을 하였다.

엘리너는 국민들의 요구에 답하기 위해 개인적인 편지에 대한 답장으로 라디오 방송이나 신문 칼럼을 통해 끊임없는 소통의 리더십을 발휘하였다. 엘리너는 루스벨트 행정부 첫해 국민들로부터 3만 통 이상의 편지를 받았다. 개인적으로 답장을 하루에 50통 이상을 쓰기도 하였다. 또한 라디오 방송, 신문 칼럼을 통해 공개적인 답장을 하였다. 또한 뉴스나 영화에 자주 출현하여 대중들과 접촉하였고 실의에 빠져 있는 일반

대중과 백악관의 연결고리 역할을 하였다. 엘리너는 평생을 통해서 4권의 자서전, 7권의 아동도서 550개의 기사 30년 동안 50회 이상의 연설을 하였다. 또한 "나의 하루(My Day)"를 1936년부터 1962년까지 26년간 집필하였고 이를 통해서 미국인들의 가치를 전파하였다.

  엘리너는 인간이 행복해지기 위한 조건과 성숙한 인간이 되는 방법에 대해 많은 이야기를 하였다. 우선 인간이 행복해지기 위한 조건으로 자기 자신과 주변 사람들에게 정직하게 살아왔다는 느낌을 주어야 한다고 믿었다. 또한 삶에 있어서 최선을 다하는 자세가 필요하고 다른 사람을 사랑할 수 있는 능력이 필요하다고 주장했다. 기본적인 전제 조건으로는 어떤 식으로든 자신이 쓸모 있는 인간이라는 느낌이 중요했다. 이러한 것이 인간이 숨 쉬는 공기, 먹는 음식, 살아 있다는 특권에 보답하는 길이라고 생각했다. 또한 성숙한 인간은 자기 생각만을 고집하지 않는 사람, 감정적으로 깊이 동요될 때도 객관적일 수 있는 사람, 모든 사람과 모든 사물에는 좋은 점과 나쁜 점이 있다고 인정하는 사람, 살면서 마주치는 상황을 겸손하고 너그럽게 받아들이는 사람, 이 세상 누구에게나 사랑과 관용이 필요하다는 것을 아는 사람이라고 생각했다. 성숙은 비판을 기꺼이 받아들임과 동시에 그 내용을 걸러 내는 능력을 말하는 것으로 자신의 가치를 분명하게 정하고, 삶에서 자신이 진정으로 원하는 게 무엇인지 알고 있다는 뜻이기도 했다.

엘리너는 낙관적인 믿음을 가지고 있었기 때문에 모든 일에 있어서 절망하지 않았다. 그녀는 어려움 속에서 지치지 않는 불굴의 노력으로 위기를 극복하게 하는 데 큰 버팀목이 되었다. 루스벨트의 신체적 약점을 그녀의 강인한 정신력으로 대체해 주고 지치지 않는 끈기와 불굴의 노력으로 평범한 국민들과 함께 지내면서 그들에게 영감과 희망을 주어 최악의 순간에 최고의 지도력을 발휘할 수 있다는 것을 보여 주었다. 또한 루즈벨트는 정부를 맡았을 당시 극심한 경제공황과 전쟁 등의 최악의 위기에 처한 국가의 사기를 진작시키는 최고의 지도력을 발휘하며 희망의 상징이 되었다.

국민들의 요구에 답하기 위해 개인적인 편지에 대한 답장으로 라디오 방송이나 신문 칼럼 "나의 시대"를 통해서 끊임없는 소통의 리더십을 발휘하였다. 그리고 평범한 국민들과 함께 지내면서 그들에게 영감과 희망을 주어 최악의 위기 순간에 최고의 지도력을 발휘할 수 있다는 것을 보여 주었다.

2) 섬김과 배려의 리더십

소외된 국민들을 먼저 배려하고 낮은 자세로 임했던 리더십으로 이는 국민들을 섬기려는 태도와 여성, 빈곤층, 흑인, 노동자 등 소외된 그룹들에 대한 관심으로 그들을 배려한 리더십을 알 수 있다. 엘리너의 소외된 그룹, 특히 여성, 빈곤층, 흑인, 노동자에 대한 관심은 진실한 신념에서부터 우러나온 것으로 진실성을 바탕으로 한 감정이입을 통한 리더십을 발휘하였다. 그녀는 국민들을 섬기려는 태도를 가지고 있었다. 그녀는 국민들에게 다가가 진정성, 저변확대를 통해 국민들에게 다가갔다.

3) 불굴의 리더십

엘리너는 정신적 강인함을 지닌 퍼스트레이디로서의 역할과 힘을 강화하는 데 전력을 다하였다. 그녀에게 있어서 정부의 유일한 목표는 국민의 삶을 향상시키는 것이었다. 그녀의 정치적 신념은 공공의 참여, 교육에 대한 헌신, 여성과 청년층을 포함 소수 계층들의 요구에 대한 인식 등을 목표로 하는 민주주의를 성취하는 것이었다. 정치적 목표를 위해 입법화를 시도하였고 예산 확보를 위해 노력하였다. 퍼스트레이디로서의 권한을 이용해 대중의 지지를 이끌어 내었고 자신의 힘을 이용해 정책 목표를 구체화함으로서 미래의 영부인들을 위한 하나의 기준을 제시하였다. 루스벨트의 신체적 약점을 그녀의 강인한 정신력으로 대체해 주고 지치지 않는 끈기와 불굴의 노력을 보여 주었다. 그리고 어려움 속에서 지치지 않는 불굴의 노력으로 위기를 극복하는 데 큰 버팀목이 되었다. 그녀의 정신력은 매우 강인하였다.

21세기 리더십에 있어서는 패러다임의 전환이 절실히 요구되고 있다. 시대가 변함에 따라 리더십에 대한 정의와 리더십을 행사하는 주체에 대한 생각은 많이 달라지고 있다. 새로운 시대를 위한 새로운 리더십은 구성원들을 변화에 동참하도록 이끌고 조직의 잠재적인 기회를 비전으로 창조하는 것이다. 또한 새로운 리더십은 권력관계나 위계적인 조직구조에 기초한 리더십이 아닌 협력과 더불어 추종자의 욕구와 동기를 고려하면서 사회 변화를 이끌어 내는 리더십을 의미한다. 이러한 의미에서 미국의 위기의 시대에 엘리너 루스벨트가 보여 준 수평적 '감성 리더십'은 21세기를 위한 대안적 리더십으로 새로운 방향성을 제시해 줄 수 있을 것으로 본다.

부록

• 연보

- 출생: 1884년 10월 11일, 뉴욕
- 부모: 엘리어트 루스벨트(Elliott Roosevelt) & 애나 레베카 홀 루스벨트(Anna Rebecca Hall Roosevelt)
- 결혼: 1905년 3월 17일, 프랭클린 델라노어 루스벨트(1882-1945)와 결혼
- 자녀: 애나 엘리너(Anna Eleanor, 1906-1975), 제임스(James, 1907-1991), 프랭클린 델라노어 주니어(Franklin Delano, Jr. 1914-1988), 엘리어트(Elliot, 1910-1990), 존 스피널(John Spinal, 1916-1981)(4남 1녀)
- 사망: 1962년 11월 7일, 하이드 팍, 뉴욕

● 관련 주제 해설

하나, 뉴딜 정책(The New Deal)

미국 경제공황을 극복하기 위해 프랭클린 루스벨트 대통령은 뉴딜(New Deal)이라고 불리는 매우 실험적인 정책을 시행하였다. 경제공황 시기 루스벨트 행정부의 뉴딜 정책은 미국사회에 획기적인 변화를 불러왔다. 실제로 뉴딜 정책은 모든 분야, 즉, 경제·외교·농업·노동·사회복지 제도에 직접적으로 영향을 끼쳤다. 루스벨트는 1932년 취임 연설에서 "미국인들이 가장 두려워해야 할 것은 두려움 그 자체이다."라고 하는 유명한 말을 남겼다. 뉴딜 정책은 크게 2단계로 나누어져 있다. 제1뉴딜(1933-1935)은 구호와 경제회복 문제해결에 역점을 두고 있고, 제2뉴딜(1935-1939)은 개혁 입법에 역점을 두고 있다. 뉴딜 정책에 있어서 무엇보다도 중요한 것은 1935년 미국 역사상 최초의 사회보장법이 만들어졌다는 것인데 이는 미국 최초의 복지 관련 법안이다. 하지만 미국 역사상 가장 실용적이고 실험적인 뉴딜 정책은 그 성공 여부를 놓고 다양한 평가가 이루어지고 있다. 하지만 무엇보다도 뉴딜에서 여성에 대한 정책은 매우 제한적이었다고 볼 수 있다.

둘, 루스벨트 대통령 행정명령 9066

1942년 2월 19일 진주만 폭격 이후 일본계 미국인들은 루스벨트 대통령 포고령 9066에 의해서 강제 격리 수용되었다. 그들은 강제로 격리된 수용소 생활을 통해 아픔과 고통을 경험해야 했으며 수용소 생활은 그들의 삶에 큰 변화를 가져왔다. 루스벨트 대통령 9066은 미국 역사에 있어서 인권 존중을 바탕으로 한 자유 수호는 무엇보다 중요한 가치라는 것을 알 수 있다. 하지만 제2차 세계대전 중 일본계 미국인의 강제 격리는 이러한 미국적 가치에 치명적 오점을 남긴 사건으로서 진정한 민주주의를 추구한다는 문제에 의문을 남기게 되었다. 이 당시 강제 격리 수용소에 감금된 일본계 미국인의 수는 약 12만 명에 달했고 그중 2/3는 미국 시민권자였다. 12만 명이라는 숫자는 전시 난민청(War Relocation Authority, WRA)에 의해서 수용소로 이주되었던 일본인들뿐만 아니라 미 법무성 산하 수용소나 고립된 강제수용소에 수용된 인구수를 모두 포함한다. 그들 대부분은 어떤 종류의 첩보 행위와는 아무런 관련이 없었던 무고한 미국 시민이었다. 일본계 미국인들에게 가부장적 가족관계는 그 의미를 상실하게 되었고, 이러한 경험은 종전 후 재정착 과정에 그들에게 큰 영향을 끼치게 되었다. 엘리너는 이 법안에 대해 부정적 견해를 가지고 있었다고 알려져 있다.

셋, 보스턴식 결혼(Bostonian Marriage)

19세기 말 20세기 초 여성들의 대학 입학이 가능해지고 대학 졸업생 중 여대생들의 비율이 증가하였다. 또한 대학 입학생들 중 기숙사 생활을 하는 여학생들이 증가하기 시작하였다. 그리고 여학생들 사이에는 감상적 편지를 교환하면서 낭만적 우정이 싹트는 경우가 많이 생겼다. 이러한 낭만적 우정은 극단적인 경우 여성 간의 동성애적 관계로 인식되었다. 또한 19세기 말엽 대학을 졸업한 여성들에게는 결혼 또는 사회생활 중 하나만을 선택해야 하는 분위기가 팽배했다. 통계에 따르면 1889년에서 1908년 브린모어 대학 졸업생들 중 53%가 독신을 선택했다. 이러한 분위기에서 대학을 졸업한 여성들 사이에는 '보스턴식 결혼'이라는 형태의 가족이 생겨나기 시작하였는데 이는 고학력 여성들이 결혼 형태로 동성끼리 가족의 형태를 이루고 생활하는 것을 의미하였다. 어떤 면에서는 여성들 사이 낭만적 우정의 극단적 형태로 이해되기도 하였다. 이들은 서로의 사회생활을 격려하며 사회에 공헌하도록 협조하였으며 재산을 공유하고 여행과 가족 모임에 함께 참여하기도 하였다. 19세기에서 20세기 초반까지 이러한 형태의 가족 결합은 여성들 간의 동성애 관계로 이해되기도 하였다.

넷, 사회복지관 운동(Settlement House Movement)

  19세기 말 일어난 '사회복지관 운동(Settlement House Movement)'은 넓은 의미에서 도시와 산업

화 시대에 인간의 가치를 보존하기 위하여 시도된 사회운동이었다. 1886년 뉴욕시의 동부에 최초의 사회복지관이 건립된 이후 1889년 젊은 대학 졸업생인 제인 아담스와 엘렌 게이츠 스타가 시카고의 가난한 이민 지역에 사회복지관을 설립하였다. 그들은 그곳에서 이민 여성들의 교육 등 여러 측면의 복지운동을 주도했고, 이를 계기로 미국 내 사회복지관 운동이 아주 빠르게 확산되었다. 1897년에는 74개의 사회복지관이, 1910년에는 400개가 넘는 사회복지관이 미국 전역에 설립되었다. 그중 대부분은 시카고, 뉴욕 등지의 대도시에 집중되어 있었으며 보스턴 지역에만 40% 이상이 몰려 있었다. 이들 역할 중 가장 특기할 만한 사항은 대부분 가난한 이민 지역에 설립되어 이민 여성들의 교육 등을 도맡아 그들의 미국 사회 내 정착과 적응을 도왔다. 엘리너도 이렇게 사회복지관에서 활동하였는데 그 복지관은 바로 1889년 세워졌던 것으로 교육을 받은 여성들이 노동자 여성들과 함께 거주하면서 교육을 담당했던 장소였다. 원래 사회복지관 운동은 영국 런던에 그 뿌리를 두고 있는 것으로 런던 동부 빈민촌에서부터 시작되었다. 엘리너가 뉴욕에서 활동할 때 맨해튼 동부에는 60개 이상의 복지관이 있었고, 브루클린에는 20개 이상의 복지관이 있었다. 엘리너는 복지관에서 학생들을 가르친다는 것을 정말 훌륭한 경험으로 여겼으며 그곳의 어린아이들에게 무용과 체조를 가르쳤고 인기가 매우 좋았다.

다섯, 1929년 미국 경제 대공황

1920년대 미국인들이 확신하고 있었던 미국 경제에 대한 낙관주의는 1929년 주식시장 붕괴로 더 이상 그 효력을 발휘하지 못했다. 미국 역사상 경제공황은 수차례 있었지만 1929년 공황은 가장 장기간 극심하게 지속되었다. 1929년 주식시장 폭락과 더불어 시작된 공황은 거의 10년간 지속되었고, 미국인들이 확신하고 있었던 미국 경제에 대한 낙관주의를 더 이상 신뢰하지 못하도록 하였다. 경제 대공황기 물가는 폭등하였고, 실업률은 증가하였으며 또한 빈부의 차이는 더욱 극심해졌다. 대공황 발생 후 3년 동안 대량 실업이 발생하면서 매주 10만 명의 노동자들이 직장을 잃었다. 위생에 대한 아무런 안전대책 없이 음식 찌꺼기를 찾아 쓰레기통을 뒤지고 수프를 얻어먹기 위해 몇 블록이나 늘어선 긴 줄에 서서 기다려야 했다. 공식적 통계에 의하면 미국 내 실업률이 25%에 달했다. 더구나 미 전역에는 '황진지대(Dust Bowl)'라는 지독한 가뭄이 장기간 지속되었다.

여섯, 애국 여성회(the Daughters of the American Revolution)

애국 여성회는 미국 역사에 있어서 그들의 선조들이 미국 혁명에서 기여하였던 후손들이 주 구성원들이다. 현재 조직의 본부는 워싱턴 D.C.에 위치하며 조직의 모토는 "신, 가정, 그리고 국가"이다. 이 조직이 창립된 125년 이래로 백만 명 이상의 여성들이 이 조직에 가입하였으며 오늘날까지도 여전히 그들의 활동은 지속되고 있다. 그들은 비정부 조직으로 애국심을 바탕으로 교육에 큰 관심을 가지고 활동해 왔다. 조직에 가입하기 위해서는 그들의 선조들이 미국 혁명에 기여한 바가 있었던 18세 이상의 여성들이 가입 조건이 되었다. 현재 이 조직 내 활동하고 있는 구성원 수는 미국과 그 밖의 국가들을 모두 포함하여 약 19만 명 정도가 된다.

일곱, 제23조 기혼자 관계조항

경제공황 시기 전국적으로 모든 주에 걸쳐서 기혼여성들은 정부 관련 직종에서 해고되었다. 이러한 사태는 1932년 정부공무원과 관련해서 발효된 경제법 제23조(Economy Act, Article 23)의 '기혼자 관계조항'에 의한 것이었다. 이 법에 의하면 정부기관이 부득이 정리해고를 단행해야 할 경우 해고 대상의 제1순위가 기혼자였다. 그렇지만 이 법 조항은 고용주의 편견에 의해서 편의적으로 이용되었다. 이 법안이 의회에 제출되었을 때 공정성을 견지한 소수의 위원들은 이것이 기혼 여성들에게 끼칠 위험성을 우려하는 목소리를 내었다. 이때 하원은 이미 뉴딜 정책을 통과시킨 상태였고, 결국 이 경제법은 통과되었다. 그리고 이 법에 따라 기혼 여성들을 해고했을 때 명분으로 내세운 것은 경제적 이유였다. 그러나 실제로 많은 여성들에게는 이런 명분이 해당되지 않았다. 당시 여성국에서 조사한 통계에 따르면, 이 시기 해고된 여성 10명 중 9명이 생계를 위해서 직장이 절실히 필요한 여성들이었다. 주로 남편이 직업을 가지고 있기는 하지만 생계유지가 어렵거나 부모나 그 밖에 부양할 가족 구성원이 많은 경우였다. 이렇게 아내가 직장에서 해고되면 남편의 연간소득이 생계유지를 위한 최저생활비에 훨씬 못 미치는 경우가 빈번히 발생하였다. 때에 따라서는 아내보다 소득이 적은 남편이 직장을 그만두었는가 하면 혹은 불이익을 당하지 않기 위해서 원치 않는 이혼을 선택하는 부부들도 증가하였다.

참고문헌

- Albion, Michele Wehrwein, ed. The Quotable Eleanor Roosevelt. Gainesville: University Press of Florida, 2013.

- Anderson, Mary. Women at Work. Minneapolis: University of Minnesota Press, 1951.

- Atkins, Ann. Eleanor Roosevelt's Life of Soul Searching and Self Discovery. West Hills: Flash History Press, 2011.

- Ayres, Alex, ed. The Wit and Wisdom of Eleanor Roosevelt. New York: Meridian, 1996.

- Beasley, Maurine H. Eleanor Roosevelt: Transformative First Lady. Kansas: University Press of Kansas, 2010.

- Beasley, Maurine H. and Henry R. Beasley. "Eleanor Roosevelt as an Entrepreneur." White

House Studies 4 (2004): 517-529.

- Black, Allida M. Casting Her Own Shadow: Eleanor Roosevelt and the Shaping of Postwar Liberalism. New York: Columbia University Press, 1996.

- Black, Allida M. Courage in a Dangerous World: The Political Writings of Eleanor Roosevelt. New York: Columbia University Press, 1999.

- Chafe, William. The American Woman: Her Changing Social, Economic, and Political Roles, 1920-1970. New York: Oxford University Press, 1972.

- Cook, W. Blanche. Eleanor Roosevelt, Volume I: 1884-1933. New York: Viking Penguin, 1992.

- Cook, W. Blanche, Eleanor Roosevelt, Volume II: The Defining Years 1933-1938. New York: Viking Penguin, 1999.

- Emblidge, David, ed. My Day: The Best of Eleanor Roosevelt's Acclaimed Newspaper Columns 1936-1962. New York: Da Capo Press, 2001.

- Gallup, George. "Mrs. Roosevelt More Popular Than President, Survey Finds." Washington Post, January 15, 1939. section 3: 1.

- Gerber, Robin. Leadership the Eleanor Roosevelt Way: Timeless Strategies for the First Lady of Courage. New York: Portfolio, 2002.

- Glendon, Mary Ann. A World Made New: Eleanor Roosevelt. New York: Radom, 2002.

- Goleman, Daniel. Primal Leadership. Cambridge: Harvard Business School Press, 2002.

- Gordon, Linda, ed. American's Working Women: A Documentary History 1600 tothe Present. New York: W. W. Norton & Company, 1995.

- Hooks, M. Janet. "Women's Occupations through Seven Decades." Women's Bureau Bulletin, 218. Washington, D.C.: U.S. Government Printing Office, 1947.

- Lash, Joseph P. Eleanor and Franklin. New York: Norton & Company, 2014.

- Lash, Joseph P. Eleanor: The Years Alone. New

York: Norton & Company, 1971.

- MacGregor, B. James. Transforming Leadership: A New Pursuit of Happiness. New York: Grove Press, 2003.

- Marton, Kati. Hidden Power: Presidential Marriages that Shaped Our Recent History. New York: Pantheon, 2001.

- Pankhurst, Genevieve. "Is Feminism Dead?" Harper's Magazine 170 (1935): 741.

- Rattiner, Susan L. ed. Women's Wit and Wisdom: A Book of Quotations. New York: Dover Publications, Inc, 2013.

- Roosevelt, Curtis. Too Close to the Sun: Growing Up in the Shadow of MyGrandparents, Franklin and Eleanor. New York: Public Affairs, 2008.

- Roosevelt, Eleanor. "Women Must Learn to Play the Game as Men Do." The RedBook Magazine 50 (1928): 78-79, 141-142.

- Roosevelt, Eleanor. Its Up to the Women. New York: Frederick A. Stoles, 1933.

- Roosevelt, Eleanor. The Autobiography of Eleanor Roosevelt. New York: Da CapoPress, 1992.

- Roosevelt, Eleanor. You Learn by Living: Eleven Keys for a More Fulfilling Life. New York: Harper and Row, 2011.

- Roosevelt, Eleanor. Tomorrow is Now. New York: Penguin Books, 2012.

- Ryan, Mary, ed. Modern First Ladies: A Documentary Legacy. Washington, D.C.: National Archives and Records Administration, 1989.

찾아보기

ㄱ

감성 네트워크 _55, 56

감성 리더십 _36, 72, 82, 88, 95

경제공황 _24, 64, 72, 78, 86

경제법 제23조 _30

국가 회복법(National Recovery Act) _58

국제 여성 평화 자유연맹(Women's International League for Peace and Freedom) _39

그리디온 위도우 파티(Gridion Widow's Party) _66

ㄴ

나의 하루(My Day) _33, 44, 73, 79, 91

뉴 걸즈(New Girls) _59

뉴딜 정책 _25, 72

뉴딜 프로그램 _30, 54, 64

ㄹ

로레나 히콕(Lorena Hickok) _41

루시 머서(Lucy Mercer) _17

루이 호외(Louis Howe) _60

레드 룸(Red Room) _60

린칭 금지법 _76

ㅁ

메리 도슨(Mary Dewson) _63, 64

메리 앤더슨(Mary Anderson) _29, 64

메리 홀(Mary Hall) _15

미국 노동 총동맹(American Federation of Labor) _80

미국인의 이상(American Dream) _44, 46

민주당(Democratic Party) _20, 22,

ㅂ

반유대주의 _32

보스턴식 결혼(Bostoniam Marriage) _55

비상구조 위원회(Emergency Rescue Committee) _47

ㅅ

사회보장법 _57

사회복지관(Settlement House) _16, 57

사회복지관 운동(Settlement House Movement) _16, 57

세계 인권 선언 _32

수정헌법 제19조 _40

실용적 민주주의 _44

스테판 얼리(Stephe Early) _60

ㅇ

여성 구호청(Women Relief Operation) _68

여성 노조 연맹(Women's Trade Union Labor) _20, 38

여성 무역 연맹(The Women's Trade Union League) _58

여성 유권자 연맹(League of Women Voters) _38, 39

유태인 _32, 48

앨런스우드(Allenswood) _15

엘렌 우드워드(Ellen Woodward) _29, 64, 68

엘리너 바구니(Eleanor Basket) _28, 63

와그너 로져 법안(Wagner Rogers Bill) _48

웜스프링스 _32

인권(Human Right) _44

ㅈ

전국 소비자 연맹(National Consumers League) _16, 20, 38, 58

전국 유색인 지위 향상 협회(National Association for the Advancement of Colored People) _76

조세핀 로체(Josephine Roche) _64

제2차 세계대전 _31, 86

진주만 폭격 _49

ㅌ

트루먼 _32

ㅍ

프란시스 퍼킨스(Frances Perkins) _29, 64

프론티어 정신 _46

ㅎ

하얀 레벨 캠페인 _58

후루시쵸프 _46

홀로코스트 _47

행정명령 9066 _49

힉스 로레나(Hick Lorena) _60